독립선언서

일제강점기 새로읽기 ④
독립선언서
— 3·1운동 100주년 기념

2019년 2월 10일 초판 1쇄 찍음
2019년 2월 20일 초판 1쇄 펴냄

엮은이　가갸날
펴낸이　이상
펴낸곳　가갸날
주 소　10386 경기도 고양시 일산서구 강선로 49 BYC 402호
전 화　070 8806 4062
팩 스　0303-3443-4062
이메일　gagyapub@naver.com
블로그　blog.naver.com/gagyapub
페이지　www.facebook.com/gagyapub
디자인　노성일 designer.noh@gmail.com

ISBN　979-11-87949-29-9 03900

이 도서의 국립중앙도서관 출판예정도서목록CIP은 서지정보유통지원시스템 홈페이지
(http://seoji.nl.go.kr)와 국가자료공동목록시스템(http://www.nl.go.kr/kolisnet)에서
이용하실 수 있습니다. CIP제어번호 : CIP 2018039359

일제강점기
새로 읽기
4

3·1운동 100주년 기념

독립선언서

가갸날

책을 펴내며

올해는 3·1운동 백 주년이 되는 해이다. 백 주년이라는 뜻 깊은 해를 맞아 도처에서 숱한 기념 행사가 예고되어 있다. 일제의 식민 지배에서 벗어나 세계에 어깨를 견주는 나라의 하나로 올라섰으니 마음껏 축제를 즐기지 못할 이유가 없다.

〈3·1독립선언서〉는 '위력의 시대'가 가고, '도의의 시대'가 오고 있으니, '세계가 개조되는 큰 움직임에 발맞추어 함께 나아'갈 것이라고 천명하였다. 축제의 의미를 확장하기 위해서는 어떻게 해야 할까. 무엇보다 3·1운동의 가치를 재발견하고 현재화하는 일이 우선되어야 할 것이다.

"유구한 역사와 전통에 빛나는 우리 대한국민은 3·1운동으로 건립된 대한민국임시정부의 법통⋯을 계승하고⋯"

우리의 삶을 보듬어주는 울타리 대한민국 헌법의 전문 속에 들어 있는 구절이다. 그것은 선언적 의미를 뛰어넘는다. 우리 헌법 1조에 명시된 '민주공화국'과 '국민 주권'의 뿌리가 바로 임시정부를 거쳐 3·1운동으로 소급되기 때문이다. 3·1운동으로 말미암아 우리는 일거에 왕조국가와 제국주의를 뛰어넘어 민주공화국의 이념을 국가 목표로 설정할 수 있었다.

3·1운동은 어느 특정한 날에 일어난 사건이 아니다. 1919년 3월 1일 서울을 비롯한 주요 도시에서 일어난 독립만세시위가 중심을 이루지만, 그 이전에 이미 독립운동의 주무대인 만주와 일제 식민주의자의 수도 동경 한복판에서 독립을 요구하는 외침이 울려 퍼졌고, 3월 1일부터 두 달 동안에만 전국에서 천 2백 회가 넘는 시위가 진행된 거족적인 운동이었다. 만주와 연해주, 미주 등지의 해외 동포들도 시위운동에 동참하였다.

독립을 위한 투쟁에 나선 우리 민족의 주장은 '독립선언서' 속에 생생히 담겨 있다. 이 책에는 역사적으로 가장 중요하게 평가받는 3개의 '독립선언서'를 수록하였다. 누가 뭐라 해도 거족적인 독립운동의 불쏘시개가 된 것은 〈3·1독립선언서〉였다. 우리가 주권을 가진 독립국임을 주장한 유려한 문장과 비폭력주의는 시간이 흐를수록 그 빛을 더하고 있다. 청년들의 기백이 표출된 〈2·8독립선언서〉와 육탄혈전肉彈血戰을 방략으로 제시한 〈대한독립선언서〉는 우리 민족의 독립에 대한 염원과 기개를 한층 뚜렷이 각인시켜주었다. 본격적인 만세시위가 시작되면서 국내외에서 무수한 '독립선언서'가 발표되었지만, 그 내용과 정신은 이들 3개의 선언서로 귀결된다 하겠다.

3·1운동은 우리 민족의 독립 의지를 높여주었을 뿐 아니라, 중국의 5·4운동과 베트남, 필리핀을 비롯한 아시아 각국의 민족운동에 희망의 빛이 되었다. 우리의 3·1운동 역시 제1차 세계대전 이후 제창된 민족자결주의는 물론 러시아 혁명, 아일랜드 독립전쟁의 영향을 받았다. 좀 더 소급해 올라가면 미국 독립혁명과 프랑스 혁명의 영향도 무시할 수 없다. 이 책에서는 3·1운동의 세계사적 의미를 되짚어보기 위해 역사적으로 중요하고 3·1운동과 직간접적인 영향을 주고

받은 미국, 아일랜드, 베트남 세 나라의 독립선언서를 더불어 수록하였다.

    3편의 3·1운동 관련 독립선언서와 인류 역사상 중요하게 평가받는 3편의 독립선언서를 비교하고 함께 읽음으로써 3·1운동의 세계사적 의의를 새롭게 발견할 수 있었으면 좋겠다. 아울러 자랑스러운 우리의 '독립선언서'가 세계에 널리 알려지는 계기가 되었으면 하는 바람도 가져본다.

2019년 1월

『차례』

1 대한독립 백 년의 외침

2 세계의 역사를 움직인 독립선언서

1. 이 책은 1부 3·1운동 관련 주요 독립선언서, 2부 3·1운동과
   직간접 영향을 주고받은 세계의 대표적인 독립선언서로 구성되었으며,
   3부에는 각 선언서의 원문을 수록하였다.

2. 1부에 수록된 선언서는 국한문 혼용체의 문장을 누구라도 쉽게
   그 뜻을 이해하고 읽을 수 있도록, 그리고 한글 맞춤법 표준안에 맞게
   오늘의 현대어로 옮겼으며, 2부는 원문을 우리말로 번역하였다.
   텍스트를 선정하고 우리말로 옮기는 등의 작업은 가갸날에서 담당하였다.

3. 3부 3·1운동 관련 선언서의 한자는 독자의 이해를 돕기 위해 원문에
   없는 한글 음을 병기하였다. 각 선언서의 서명자는 원문에만 수록하였다.
   〈베트남 독립선언서〉는 베트남어본 외에 영어본을 추가 수록하였다.

1

대한독립 백 년의 외침

3·1
독립선언서

선언서

우리는 여기 우리 조선이 독립국임과 조선인이 자주민임을 선언하노라. 이를 세계만방에 알려 인류 평등의 큰 뜻을 똑똑히 밝히며, 이를 자손만대에 일러 민족이 스스로 생존하는 정당한 권리를 길이 누리도록 하노라.

반만년 역사의 권위에 의지하여 이를 선언하는 것이며, 2천만 민중의 정성스러운 마음을 모아 이를 두루 밝히는 것이며, 겨레의 한결 같은 자유 발전을 위하여 이를 주장하는 것이며, 인류의 양심이 드러남으로써 세계가 개조되는 큰 움직임에 발맞추어 함께 나아가기 위해 이를 제기하는 것이니, 이는 하늘의 분명한 뜻이며, 시대의 대세이며, 전 인류가 더불어 살아가는 권리를 위한 정당한 발동이기에, 세상의 그 무엇도 우리의 독립을 가로막거나 억누르지 못할지니라.

　　구시대의 유물인 침략주의와 강권주의의 희생이 되어 우리 민족의 역사가 시작된 지 수천 년 만에 처음으로 다른 민족에게 자유를 구속당하는 고통을 맛본 지 이제 10년이 지난지라. 우리의 생존권을 빼앗겨 잃은 것이 그 얼마이며, 정신 발전에 장애를 받은 것이 그 얼마이며, 민족의 존엄과 영예가 훼손된 것이 그 얼마이며, 새롭고 날카로운 독창력으로 세계 문화의 큰 흐름에 이바지하고 보탤 기회를 잃어버린 것이 그 얼마인가?

　　슬프다. 지난날의 억울함을 드러내어 세상에 널리 펴려 하면, 지금의 고통에서 벗어나려 하면, 앞날의 두려움을 베어 없애려면, 눌리어 쪼그라들고 사그라진 민족의 양심과 국가의 위엄을 일으켜 세우려면, 각 개인의 인격을 올바르게 발전시키려면, 가엾은 자손들에게 쓰리고 부끄러운 재산을 물려주지 않으려면, 자자손손 이어질 완전하고 경사스러운 복을 맞이하게 하려면, 가장 급한 일은 민족의 독립을 확실하게 하는 것이니, 2천만 겨레가 하나같이 가슴속에 칼을 품듯 굳은 결의를 새기고, 인류 공통의 본성과 시대의 양심이 정의의 군대와 인도주의의 창과 방패가 되어 보호하고 도와주는 오늘날, 우리 나아가 싸우매 어느 강한 자인들 꺾지 못하며, 물러나 일을 꾀하매 무슨 뜻인들 펴지 못하겠는가.

병자수호조약 이후 여러 차례 맺은 갖가지 굳은 약속을 지키지 아니하였다고 하여 일본의 신의 없음을 단죄하려는 것이 아니다. 일본인 학자는 강단에서, 정치가는 현실 정치에서 우리가 조상 대대로 가꾸어 온 빛나는 업적을 식민지로 여기고, 우리 문화 민족을 무지몽매한 야만인으로 대우하여, 다만 정복자로서의 쾌감을 욕심낼 뿐이요, 우리의 오랜 사회 기초와 뛰어난 민족정신을 업신여긴다 하여 일본의 의리 없음을 꾸짖으려 하지 아니하노라.

스스로를 채찍질하고 격려하기에 바쁜 우리는 남을 원망하거나 탓할 겨를이 없노라. 지금의 처지를 고치고 수습하기에 급한 우리는 묵은 잘못을 들추어 응징할 겨를이 없노라.

지금 우리가 할 일은 다만 자신을 건설하는 것일 뿐이요,

거족적인 독립운동의 불쏘시개가 된
〈3·1독립선언서〉. 우리 민족이 주권을 가진
독립국임을 천명한 유려한 문장과 비폭력주의는
시간이 흐를수록 그 빛을 더하고 있다.
최남선이 작성하였으며, 공약삼장은 한용운이
추가하였다. 천도교에서 경영하는 보성사에서
인쇄해 3·1만세운동과 함께 전국에 뿌려졌다.

결코 남을 파괴하는 데에 있지 아니하도다. 엄숙한 양심의 명령으로 자신의 새로운 운명을 개척하고자 함이요, 결코 묵은 원한과 한때의 감정으로 남을 시기하여 쫓아내고 배척하려는 것이 아니로다.

낡은 사상과 묵은 세력에 얽매인 일본 정치가들의 공명심에 희생이 된 부자연스럽고 불합리한 그릇된 상태를 바르게 고쳐서 자연스럽고 합리적인 올바른 큰 원칙으로 돌아가게 하려는 것이로다.

처음부터 우리 민족의 요구에서 나오지 않은 두 나라 합방의 결과가 그예 힘으로 억누르는 임시방편과 민족 차별의 불평등과 거짓으로 꾸민 통계 숫자 아래 서로 이해가 다른 두 민족이 영원히 화목할 수 없는 원한의 구덩이를 갈수록 깊게 만드는 오늘의 실정을 보라.

날래고 밝은 결단력으로 과거의 잘못을 바로잡고, 참되고 바른 이해와 동정에 기초한 우호적인 새 국면을 여는 것이 서로가 불행을 멀리하고 행복을 불러들이는 지름길임을 분명히 알 수 있지 않은가?

또한 원한과 분노에 싸인 2천만 민족을 위력으로 구속하는 것은 다만 동양의 영구한 평화를 보장하는 길이 아닐 뿐 아니라, 이로 말미암아 동양의 안위를 좌우하는 4억 중국인의 일본에 대한 두려움과 의심을 갈수록 두텁게 하여, 그 결과 동양 전체가 함께 망하는 비참한 운명을 가져올 것이 분명하니, 오늘 우리 조선의 독립은 조선인으로 하여금 정당한 생존과 번영을 이루게 함과 동시에 일본으로 하여금 그릇된 길에서 벗어나 동양을 떠받치는 중책을 다하게 하는 것이며, 중국으로 하여금 꿈속에서도 떨쳐버리지 못하는 불안과 공포에서 벗어나게 하는 것이며, 또 동양 평화로 중요한 일부를 삼는 세계 평화와 인류 행복에 필요한 과정이 되게 하는 것이라. 이어찌 사소한 감정상의 문제이리오.

아아, 새로운 세계가 눈앞에 펼쳐지도다. 위력의 시대가 가고, 도의의 시대가 오도다. 지난 한 세기 동안 갈고 닦아 길러진 인도주의 정신이 바야흐로 신문명의 서광을 인류의 역사에 비추기 시작하는도다. 새봄이 세계에 돌아와 만물의 소생을 재촉하는도다. 매서운 추위 속에서 숨조차 못 쉬게 한 것이 지난 한때의 형세였다면, 화창한 봄바람과 따뜻한 햇볕에 기운을 마음껏 펼치는 것이 오늘의 형세이니, 돌아온 세상의 기운을 맞이하고 바뀐 세계의 조류를 탄 우리는 아무 주저할 것 없으며, 아무 거리낄 것이 없도다.

우리의 고유한 자유권을 온전히 지켜 자유로운 삶의 즐거움을 마음껏 누릴 것이며, 우리의 풍부한 독창력을 발휘

하여 봄기운 가득한 천지에 빛나는 민족 문화를 꽃피우게 할지로다.

우리가 이에 떨치고 일어나도다. 양심이 우리와 함께 있으며, 진리가 우리와 함께 나아가는도다. 남녀노소 없이 음울한 옛 보금자리에서 떨치고 일어나 삼라만상과 더불어 즐겁고 유쾌한 부활을 이루게 되도다. 먼 조상들의 혼령이 우리를 은밀히 돕고, 온 세계의 기운이 우리를 밖에서 보호하나니, 시작이 곧 성공이라. 다만 앞길의 광명을 향하여 힘차게 나아갈 따름이라.

공약 3장

1. 오늘 우리의 이 거사는 정의, 인도, 생존, 존영을 위한 민족 전체의 요구이니, 오직 자유의 정신을 발휘할 것이요, 결코 배타적 감정으로 그릇 달려 나가지 말라.
1. 최후의 한 사람까지, 최후의 한 순간까지 민족의 정당한 의사를 흔쾌히 발표하라.
1. 모든 행동은 모름지기 질서를 존중하여, 우리의 주장과 태도를 어디까지나 떳떳하고 정당하게 하라

— 조선 건국 4252년 3월 1일 조선 민족 대표

3·1운동에 참가한 군중들이
독립문 주위에 모여 독립문 상단에 새겨진
태극기 문양을 바라보고 있다.

*

경술국치로 나라를 빼앗긴 뒤 항일구국운동의 주무대는 만주를 비롯한 해외로 옮겨졌다. 국내에서는 일제의 무단통치로 팔다리가 묶인 상황이었지만 그런 가운데서도 기회가 오기를 기다리고 있었다. 미국 대통령 윌슨의 민족자결주의 제창과 동경 유학생들의 독립선언은 때를 기다리며 준비해 오던 독립운동가들을 일어서게 만들었다.

조직적인 독립운동을 모색하고 있던 천도교가 중심이 되어 민족대표 33인이 결성되고, 갑자기 세상을 떠난 고종의 국장에 맞추어 3월 1일이 거사일로 정해졌다. 비폭력주의를 표방한 지도부는 독립선언서를 낭독하고 일본 경찰에 연행되어갔지만, 학생과 시민들은 독자적인 만세시위운동을 전개하였다. 일본 경찰의 무자비한 탄압에도 불구하고 만세시위는 순식간에 전국의 주요 도시와 해외 동포사회로 퍼져나가 독립을 열망하는 우리 민족의 의지를 전 세계에 알렸다.

비록 독립을 이루는 데는 실패하였지만, 3·1운동의 결과 대한민국임시정부가 탄생하여 오늘에 이르는 민주공화국의 토대가 마련되었다. 한편 3·1운동은 중국의 5·4운동과 베트남, 필리핀의 민족운동 등 여러 나라의 반제국주의 운동에 큰 희망의 빛이 되었다.

독립선언서는 최남선이 작성하였으며, 마지막 공약삼장은 한용운이 추가하였다.

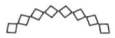

2·8 독립선언서

선언서

전 조선청년독립단은 우리 2천만 조선 민족을 대표하여 정의
와 자유의 승리를 획득한 세계 만국 앞에 독립을 기약하고 이
룰 것을 선언하노라.

4천 3백 년의 오랜 역사를 지닌 우리 민족은 실로 세계에

서 가장 오랜 문명 민족의 하나라. 비록 더러 중국의 책력을 사용한 일은 있었으나 이는 조선 황실과 중국 황실의 형식적 외교 관계에 불과하였고, 조선은 항상 우리 민족의 조선이요, 한 번도 나라 전체를 잃고 이민족의 실질적 지배를 받은 일이 없도다.

일본은 조선과 일본이 이와 입술 같은 밀접한 관계임을 깨달았다 하여 1895년 청일전쟁의 결과로 한국의 독립을 솔선 승인하였고, 영국, 미국, 프랑스, 독일, 러시아 등의 여러 나라도 독립을 승인할뿐더러 이를 보전하기를 약속하였도다. 한국은 그 은의恩義를 새기며 단단한 마음으로 제반 개혁과 국력의 충실을 꾀하였도다.

당시 러시아의 세력이 남하하여 동양의 평화와 한국의 안녕을 위협할새 일본은 한국과 공수동맹攻守同盟을 체결하여 러일전쟁을 시작하니 동양의 평화와 한국의 독립 보전은 실로 이 동맹의 근본이라. 한국은 더욱 그 호의好誼를 고맙게 여겨 육해군의 작전상 원조는 불가능하였지만 주권의 위엄까지 희생하여 가능한 온갖 의무를 다함으로써 동양 평화와 한국 독립의 양대 목적을 추구하였도다.

마침내 전쟁이 종결되고 당시 미국 대통령 루스벨트 씨의 중재로 일본과 러시아 사이에 강화회의가 열리게 되니, 일본은 동맹국인 한국의 참가를 불허하고 일본과 러시아 양국 대표자 사이에 임의로 일본의 한국에 대한 종주권을 결정하였으며, 일본은 우월한 병력을 믿고 한국의 독립을 보전한다는 옛 조약을 위반하여 겁 많고 줏대 없던 당시의 한국 황제와 그 정부를 위협하고 속여 '국력의 충실함이 족히 독립할 만한 시기까지'라는 조건으로 한국의 외교권을 뺏어 일본의 보호국을 만들어 한국으로 하여금 직접 세계 열국과 교섭할 길을 끊고, 그로 말미암아 '상당한 시기까지'라는 조건으로 사법, 경찰권을 뺏고, 다시 '징병령 실시까지'라는 조건으로 군대를 해산하며, 민간의 무기를 압수하고 일본 군대와 헌병경찰을 각지에 배치하며, 심지어 황궁의 경비까지 일본 경찰을 사용하고 이렇게 하여 한국으로 하여금 완전 무저항자를 만든 후에 다소 총명하다고 일컬어지던 한국 황제를 쫓아내고 황태자를 옹립해 일본의 주구로 이른바 합병 내각을 조직하여 비밀리에 무력을 사용해 합병조약을 체결하니, 이에 우리 민족은 건국 이래 반만 년에 자기를 지도하고 원조하노라 하는 우방의 군국적 야심에 희생되었도다.

실로 일본의 한국에 대한 행위는 사기와 폭력에 의한 것이니, 실로 이같이 위대한 사기가 성공한 것은 세계 흥망사상에 특별히 기록할 만한 인류의 큰 수치이자 치욕이라.

보호조약을 체결할 때에 황제와 반역 신하가 아닌 몇몇 대신들은 모든 반항 수단을 다하였고, 발표 후에도 전 국민은 맨손으로 가능한 온갖 반항을 다하였으며, 사법, 경찰권을 빼앗기고 군대가 해산당할 때에도 그러하였고, 합병될 때를 맞이하여서는 수중에 작은 무기 하나 없었음에도 불구하고 가능한 온갖 반항운동을 다하다가 우수한 일본의 무기에 희생된 자 부지기수이며, 그 후 10년간 독립을 회복하려는 운동으로 희생된 자 수십 만이며, 참혹한 헌병 정치 하에 팔다리와 혀가 잘리면서도 일찍이 독립운동이 끊긴 적이 없나니, 이를 통해 보아도 한일합병이 조선 민족의 의사가 아님을 알 수 있을지라. 이처럼 우리 민족은 일본 군국주의 야심의 사기 폭력 아래 우리 민족의 의사에 반하는 운명을 당하였으니, 정의로 세계를 개조하는 이 때에 당연히 바로잡아 고칠 것을 세계에 호소할 권리가 있으며, 또한 세계 개조에 주인 되는 미국과 영국은 보호와 합병을 앞서 승인한 이유로 인해 지금 과거의 잘못을 속죄할 의무가 있다 하노라.

또 합병 이래 일본의 조선 통치 정책을 보건대 합병시의 선언에 반하여 우리 민족의 행복과 이익을 무시하고 정복자가 피정복자에게 대하는 고대의 비인도적 정책을 응용하여 우리 민족에게는 참정권, 집회 결사의 자유, 언론 출판의 자유 등을 불허하며, 심지어 종교의 자유, 기업의 자유까지도 적지않이 구속하며, 행정, 사법, 경찰 등 제기관이 조선 민족의 인권을 침해하며, 공공의 일과 사사로운 일을 불문하고 우리 민족과 일본인 사이에 우열의 차별을 두며, 일본인에 비하여 열등한 교육을 실시함으로써 우리 민족으로 하여금 영원히 일본인의 부림을 당하게 하며, 역사를 개조하여 우리 민족의 신성한 역사적 민족적 전통과 위엄을 파괴하고 능멸하며, 소수의 관리를 빼고는 정부의 제기관과 교통, 체신, 군대 제기관의 전부 혹은 대부분을 일본인만 사용하여 우리 민족으로 하여금 영원히 국가 생활의 지능과 경험을 획득할 기회를 얻지 못하게 하니, 우리 민족은 결코 이러한 무단전제, 부정, 불평등한 정치 하에서 생존과 발전을 향유할 수 없는지라.

그 뿐더러 원래 인구가 넘치는 조선에 무제한으로 이민을 장려하고 보조하여 토착한 우리 민족은 해외 이곳저곳으로 떠돌게 됨을 면치 못하며, 국가의 제기관은 물론이요 사설 제기관에까지 일본인을 사용하여 한편으로 조선인으로 하여금 직업을 잃게 하며, 다른 한편 조선인의 부를 일본으로 유출케 하고, 상공업에서 일본인에게 특수한 편익을 주어 조선인으로 하여금 산업적 발흥의 기회를 잃게 하도다. 이처럼 어느 방면으로 보아도 우리 민족과 일본인의 이해는 서로 배치되며, 이해가 어그러지면 그 해를 입는 자는 우리 민족이니, 우리 민족은 생존의 권리를 위하여 독립을 주장하노라.

최후로 동양평화의 견지로 보건대 그 위협자이던 러시아는 이미 군국주의적 야심을 포기하고 정의와 자유와 박애를 기초로 한 새 나라를 건설하려고 하는 중이며, 중화민국도 또한 그러하며, 더불어 앞으로 국제연맹이 실현되면 다시 군국주의적 침략을 감행할 강국이 없을 것이라. 그러할진대 한국을 합병한 최대 이유가 이미 소멸되었을뿐더러, 앞으로 조선 민족이 무수한 혁명 난리를 일으킨다 하면 일본에게 합병된 한국은 반대로 동양 평화를 교란할 화근이 될지라. 우리 민족은 정당한 방법으로 우리 민족의 자유를 추구할지나, 만일 이것으로 성공하지 못하면 우리 민족은 생존의 권리를 위하여 온갖 자유행동을 취하여 최후의 한 사람까지 자유를 위한 뜨거운 피를 흘릴지니, 어찌 동양 평화의 화근이 아니리오. 우리 민족은 군사 하나가 없도다. 우리 민족은 병력으로써 일본에 저항할 실력이 없도다. 그러나 일본이 만일 우리 민족의 정당한 요구에 응하지 아니할진대, 우리 민족은 일본에 대하여 영원한 피의 전쟁을 선포하리라.

우리 민족은 오래도록 고등한 문화를 지녔으며, 반만 년 동안의 국가 생활 경험이 있는 민족이다. 비록 다년간의 전제

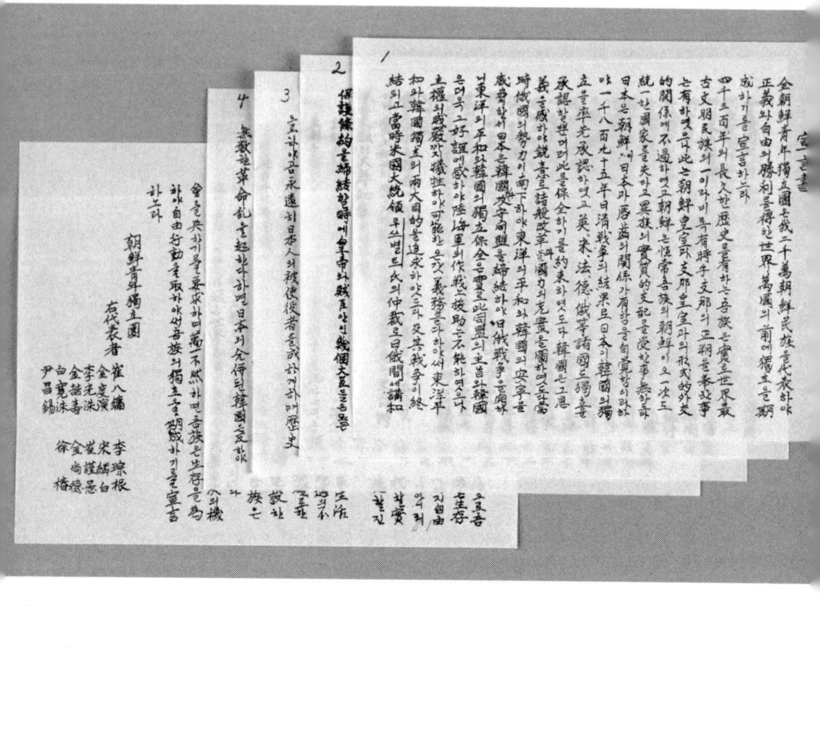

宣言書

全朝鮮青年獨立團은 我二千萬朝鮮民族을 代表하야 正義와 自由의 勝利를 得한 世界萬國의 前에 獨立을 期成하기를 宣言하노라

四千三百年의 長久한 歷史를 有하는 吾族은 實로 世界最古文明民族의 一이라 비록 有時乎 中國의 正朔을 奉한 事는 有하얏으나 此는 朝鮮皇室과 中國皇室의 形式的 外交關係에 不過하얏고 朝鮮은 恒常 吾族의 朝鮮이오 一次도 統一한 國家를 失하고 異族의 實質的 支配를 受한 事無하도다 日本은 朝鮮이 日本과 脣齒의 關係가 有함을 自覺함이라 하야 一千八百九十五年 日淸戰爭의 結果로 韓國의 獨立을 率先 承認하얏고 英美法德俄 諸國도 獨立을 承認할뿐더러 此를 保全하기를 約束하얏도다 韓國은 그 恩義를 感하야 銳意로 諸般改革과 國力의 充實을 圖하얏도다 當時 露國의 勢力이 南下하야 東洋의 平和와 韓國의 安寧을 威脅할새 日本은 韓國과 攻守同盟을 締結하야 日露戰爭을 開하니 東洋의 平和와 韓國의 獨立保全은 實로 此同盟의 主旨라 韓國은 더욱 그 好誼에 感하야 陸海軍의 作戰上 援助는 不能하얏으나 主權의 威嚴까지도 犧牲하야 可能한 온갖 義務를 다하야써 東洋平和와 兩國의 安寧을 維持하니라

(이하 본문 계속)

保護條約을 締結할 時에 皇帝와 적어도 國家의 有志한 幾個大臣을 除한 外에는... (其二)

[3] 吾等의 永遠히 血戰하는 日이라도 此에 對한 吾等의 決心은 決코 不動할지라 將次 韓國의 獨立을 成就할 時까지는 日本에 對한 血戰을 宣言하노라... (其三)

[4] 無效를 宣言하며 此時를 期하야 正當한 方法으로 獨立을 期成하기까지 血戰을 不辭할 것을 玆에 宣言하노라

하노라

朝鮮青年獨立團
右代表者
　　崔八鏞　　李琮根
　　金度演　　宋繼白
　　李光洙　　崔謹愚
　　金喆壽　　尚　涉
　　白寬洙　　徐　椿
　　尹昌錫　　金尚德

1919년 2월 8일 일본제국주의의 수도
동경 한복판에서 울려 퍼진 〈2·8독립선언서〉.

정치의 해독과 처한 환경의 불행이 우리 민족을 오늘에 이르게 하였다 할지라도, 정의와 자유를 기초로 한 민주주의 위에 선진국의 모범을 따라 새 국가를 건설한 뒤에는 건국 이래 문화와 정의와 평화를 애호하는 우리 민족은 세계의 평화와 인류의 문화에 공헌함이 있을지라.

이에 우리 민족은 일본이나 혹은 세계 각국이 우리 민족에게 민족자결의 기회를 부여하기를 요구하며, 만일 그렇지 않으면 우리 민족은 생존을 위하여 자유행동을 취함으로써 우리 민족의 독립을 기약하고 이룰 것을 선언하노라.

결의문

1. 본단은 한일합병이 우리 민족의 자유의사에서 나오지 아니하고, 우리 민족의 생존과 발전을 위협하고, 또한 동양의 평화를 교란하는 원인이 된다는 이유로 독립을 주장함.
2. 본단은 일본 의회 및 정부에 조선 민족 대회를 소집하여 대회의 결의로 우리 민족의 운명을 결정할 기회를 부여하기를 요구함.
3. 본단은 만국 강화회의에 민족자결주의를 우리 민족에게

도 적용하게 하기를 청구함. 우리의 목적을 이루기 위하여 일본에 주재한 각국 대사, 공사에게 본단의 주의를 각기 정부에 전달하기를 의뢰하고 동시에 위원 2인을 만국강화회의에 파견함. 우리 위원은 이미 파견한 우리 민족의 위원과 일치 행동함.

4. 전항의 요구가 실패할 때에는 우리 민족은 일본에 대하여 영원한 피의 전쟁을 선포함. 이로써 발생하는 참화는 우리 민족이 그 책임을 지지 아니함.

*

1918년 제1차 세계대전의 종전과 함께 새로운 국제 질서의
필요성이 대두하였다. 이를 논의하기 위해 프랑스 파리에
서 열린 1919년 1월의 파리 강화회의에서 미국 대통령 우드
로 윌슨은 각 민족은 자신의 운명을 스스로 결정해야 한다는
민족자결주의를 제창하였다. 그것이 비록 독일 같은 패전국
의 식민지를 처리하기 위한 방안에 불과하였다 하더라도, 우
리 같은 식민지 상태에 있던 나라에는 큰 힘이 되었다. 또한
1917년의 볼셰비키 혁명에 의해 등장한 소련의 혁명 지도자
레닌도 식민지 민족해방을 지원하겠다고 선언하였다.

이러한 분위기 속에서 우리 민족의 독립을 되찾으려는
움직임이 국내외에서 은밀히 진행된다. 일본에 유학중이던
재일 조선인 유학생들은 1919년 2월 8일에 동경 한복판에서
독립선언서를 발표하였다. 장소는 재일본 동경 조선 YMCA
강당이었다. 조선 유학생 학우회 총회에 참석한 600여 명의
학생들은 만장일치로 이광수가 기초한 독립선언서를 채택
하였다. 주모자들은 곧바로 일본 경찰에 연행되었으며, 재판
에 회부되었다.

유학생들은 일본 주재 여러 나라 대사관, 공사관과 언
론 등에 독립선언서를 보내고, 대표를 파견하여 국내에도 소
식을 전했다. 밀반입된 독립선언서와 동경 유학생들의 독립
선언 소식은 3·1운동의 도화선의 하나가 되었다.

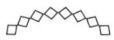

대한독립선언서

우리 대한 동족 남매와 온 세계 우방에 거주하는 동포여! 우리 대한은 완전한 자주 독립과 신성한 평등 복리福利를 우리 민족 자손 대대로 이어 전하기 위하여, 여기 이민족 전제專制의 학대와 억압에서 벗어나 대한 민주의 자립을 선포하노라.

　우리 대한은 오랜 옛날부터 우리 대한의 한韓이요, 이민족의 한韓이 아니라. 반만 년 역사의 내치內治 외교는 한왕한제韓王韓帝의 고유 권한이요, 사방 백만 리의 높은 산, 아름다운 물은 한남한녀韓男韓女의 공유 재산이요, 유럽과 아시아에서도 기골氣骨이 뛰어나고 말과 글이 아름다운 우리 민족은 능히 스스로의 나라를 지키며 만방을 화합하게 하여 세계와 함께 나아갈 하늘이 낸 백성이라. 우리 나라의 털끝만한 권한이라도 이민족에게 넘겨줄 뜻이 없고, 한 뼘의 우리 땅이라도 이민족이 점유할 권한이 없으며, 한 사람의 우리 백성이라도 이민족이 간섭할 조건이 없으니, 우리 나라는 완전한 한인韓人의 한韓이라.

슬프도다, 일본의 무력 도배여. 임진壬辰 이래로 우리 땅에 쌓아 놓은 죄악은 오래도록 숨길 수 없을 것이며, 갑오甲午 이후 대륙에서 지은 죄는 만국이 용서하지 못할지라. 그들이 전쟁을 즐기는 악습은 스스로를 보호하는 일이라거니 자신을 방위하기 위한 것이라거니 하고 구실을 만들더니, 마침내 하늘에 반하고 인간의 도리를 거스르는 보호 합병을 강제하였도다. 그들이 맹세를 어기는 못된 습관은 영토니, 문호 개방이니, 기회니 하는 이름을 빌어 마침내 의리를 저버리고 불법으로 비밀 강제 협약을 체결하고, 그들의 요망한 정책은 감히 종교를 핍박하여 신神의 조화造化가 전달되는 것을 방해하고, 학자를 제한하여 문화의 유통을 막고, 인권을 박탈하며,

일제에 대한 육탄혈전(肉彈血戰)을
주장한 〈대한독립선언서〉. 만주 일대에서
활동하던 독립운동가들이 중심이
되었으며, 서명 인사에는 다른 지역에서
활동하던 저명인사들이 포함되어 있다.

경제를 농락하며, 군과 경찰을 앞세운 무단통치와 암암리에 시행한 이민 책략으로 우리 민족을 멸하고 일본인 인구를 늘이는 흉악한 정책을 실행한지라.

적극적 소극적으로 우리 민족을 마멸시킴이 그 얼마인가. 10년 무단통치의 작폐가 이에 극단에 이르므로 하늘이 그들의 더러운 덕을 꺼리시어 우리에게 좋은 기회를 주실새, 우리는 하늘에 순종하고 인간의 도리에 응하여 대한독립을 선포하는 동시에 합병을 자행한 그들의 죄악을 알리고 징계하노니,

1. 일본의 합방 동기는 그들의 소위 범일본주의를 아시아에서 실행함이니, 이는 동양東洋의 적이요,

2. 일본의 합방 수단은 사기강박과 불법무도와 무력폭행의 극단적인 것을 모두 구비하였으니, 이는 국제법규상의 악마이며,

3. 일본의 합방 결과는 군경의 야만적 힘과 경제의 압박으로 종족을 마멸하며, 종교를 억압하며, 교육을 제한하여 세계 문화를 저지하였으니, 이는 인류의 적이라.

그런 까닭에 하늘의 뜻과 사람의 도리, 그리고 정의 법리에 비추어 세계 만국의 입증으로 합방 무효를 선포하며, 그들

의 죄악을 응징하며, 우리의 권리를 회복하노라.

슬프도다, 일본의 무력 도배여. 작게 징계하고 크게 타이름이 너희의 복이니, 섬은 섬으로 돌아가고, 반도는 반도로 돌아오고, 대륙은 대륙으로 회복할지어다.

각기 원래의 모습을 회복함은 아시아 대륙의 행복인 동시에 너희도 다행이니어와, 미련하게도 깨닫지 못한다면 모든 화근이 너희에게 있는 것이니, 옛것을 회복하여 스스로 새로워지는 이익을 다시 깨우쳐주노라.

한 번 보아라. 인민의 마적魔賊이었던 전제와 강권은 그 나머지 불꽃이 이미 다하였고, 인류에게 부여된 평등과 평화는 밝은 해가 하늘에 뜬 듯하여 공의公義의 심판과 자유의 보편은 실로 오랜 세월의 액厄을 한 번에 씻어내려는 하늘의 뜻이 실현됨이요, 약소국과 힘없는 민족을 구제하는 대지의 복음이라.

크도다, 시대의 정의여. 이 때를 만난 우리가 무도한 강권 속박을 벗고 광명한 평화 독립을 회복함은, 하늘의 뜻을 떨치며 세상의 인심에 순응하고자 함이며, 지구에 발 딛고 선 권리로 세계를 개조하여 대동건설大同建設에 찬동 협력하기 때문일새, 이에 2천만 대중의 충심을 대표하여 감히 황황일신皇皇一神께 밝혀 아뢰며 세계만방에 고하나니, 우리의 독립은 하늘과 사람이 모두 감응하는 순수한 동기에 따라 스스로의 힘으로 민족을 지키는 정당한 권리를 행사하는 것이요, 결코 눈앞의 이해에 따른 우연한 충동이 아니며, 은혜와 원한에 얽매인 감정으로 비문명적인 보복 수단에 스스로 만족하는 것이 아니라.

실로 오래도록 일관하는 국민의 지극한 정성이 격렬히 일어나 저들 이민족 무리로 하여금 스스로 깨달아 새로워지게 하는 것이며, 우리의 결실은 야비한 정치 궤도를 초월하여 진정한 도의를 실현함이라.

아아, 우리 대중이여. 공의公義로 독립한 자는 공의로써 진행할지라. 모든 방편을 사용하여 군국주의 전제를 없애고 민족 평등을 전 세계에 널리 시행할지니 이는 우리 독립의 첫 번째 뜻이요, 무력 겸병兼倂을 근절하여 천하가 평등하다는 공도公道로 진행할지니 이는 우리 독립의 본령이요, 밀약을 맺고 사사로이 전쟁하는 것을 엄금하고 대동 평화를 선전할지니 이는 우리가 나라를 다시 세우는 사명이요, 모든 동포에게 동등한 권리와 부富를 베풀어 남녀와 빈부의 차가 없게 하고, 지식과 나이에 상관없이 지혜로운 이와 어리석은 이, 늙은이와 어린이를 균등케 하여 사해인류四海人類를 제도할지니 이는 우리 독립의 기치요, 나아가 국제 세계의 불의不義를 감독하고 우주의 진선미眞善美를 체현할지니 이는 우리 한민족이 때맞추어 부활하는 궁극의 의의니라.

아아, 한마음 한뜻인 2천만 형제자매여. 우리 단군 대황조大皇祖께서 상제上帝와 함께하시며 우리의 기운을 명하시고, 세계와 시대가 우리의 복리를 돕는도다. 정의는 무적의 검이니 이로써 하늘을 거스르는 악마와 나라를 도적질한 적을 한 손에 처결하라. 이로써 4천 년 조종祖宗의 빛나는 영광을 높이 들어올릴 것이며, 이로써 2천만 백성의 운명을 개척할지니, 궐기하라, 독립군아. 무찌르자, 독립군아.

세상을 사는 동안 한 번 죽음은 사람이 피할 수 없는 바이니 개돼지와 같은 일생을 누가 구차히 도모하리오. 살신성인殺身成仁하면 2천만 동포가 한몸으로 부활하리니 어찌 한 목숨을 아까워하며, 한 집안을 바쳐 나라를 회복하면 3천 리 옥토가 모두 자기 집의 소유이니 일가一家를 희생하라.

아아, 한마음 한뜻인 2천만 형제자매여. 국민의 본령을 자각한 독립임을 기억할 것이며, 동양 평화를 보장하고 인류 평등을 실현하기 위한 자립임을 명심할 것이며, 하늘의 밝은 뜻을 받들어 모든 사악한 그물망에서 벗어나는 건국임을 확신하여 육탄혈전肉彈血戰으로 독립을 완성할지어다.

— 단군 기원 4252년 2월 일

*

일제의 국토 강점후 국내 투쟁이 한계점에 이르자 많은 독립운동가들이 해외로 망명하였으며, 만주 일대가 초기 독립운동의 주무대가 되었다.

〈대한독립선언서〉는 만주를 무대로 활동하던 독립운동 지도자들이 중심이 되어 발표한 독립선언서이다. 1919년 2월 중국 길림성 길림시에서 작성 반포된 것으로 알려지고 있으나, 발표 시기를 두고 1918년설과 1919년설이 있는 등 아직 명쾌하게 밝혀지지 않은 부분이 있다. 한동안 1918년 무오년에 발표되었다 하여 〈무오독립선언서〉라고 불리기도 하였다.

서명자는 모두 39명인데, 만주뿐 아니라 미주 등지에서 활동하던 인사를 포함해 1910년대 말 국외 독립운동을 주도하던 저명 활동가들이다. 민족종교인 대종교 계통의 인사들이 많은 게 눈에 띈다. 내용면에서 두드러진 것은 외교가 아닌 전쟁을 통한 독립을 천명한 부분이다. 자신을 희생할 것과 육탄혈전肉彈血戰을 방략으로 제시한 것은 서명 인사들이 무장투쟁에 몸을 담고 있던 것과 무관하지 않을 것이다.

2

세계의 역사를 움직인 독립선언서

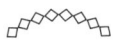

미국 독립선언서

아메리카 13개 주 연합 만장일치 선언

인류 역사에서 한 민족이 다른 민족과의 정치적 결합을 해체하고, 세계의 여러 국가 사이에서 자연법과 창조주가 부여한 독립적이고 대등한 지위를 차지하는 것이 필요하게 되었을 때, 인류의 보편적 신념을 엄중히 존중하는 한 그들은 자신들의 독립을 요구하는 대의명분을 선언하지 않을 수 없다.

우리는 다음과 같은 사실을 자명한 진리로 받아들인다. 모든 사람은 평등하게 태어났으며, 조물주는 그들에게 몇 가지 양도할 수 없는 권리를 부여했다. 그것은 생명권, 자유권, 그리고 행복추구권이다. 그 권리를 확보하기 위해 사람들은 정부를 조직했으며, 정부의 정당한 권력은 인민의 동의에서 나온다. 어떤 형태의 정부이든 이러한 목적을 훼손할 때에는 언제든지 이를 변혁하거나 폐지하여, 인민의 안전과 행복을 가장 효과적으로 보장하는 원칙에 기초해 그것을 구현할 수 있는 형태의 새로운 정부를 조직하는 것은 인민의 권리이다.

조금만 주의 깊게 살펴보아도 오랜 역사를 가진 정부를 경솔하고도 일시적인 명분으로 변경해서는 안된다는 것은 자명하다. 또한 사람들이 자신에게 익숙한 정부 형태를 곧장 해체하려고 나서기보다는 악폐를 참을 수 있는 한 인내하는 성향이 강하다는 것을 모든 역사 경험 속에서 알 수 있다. 하지만 오랫동안에 걸쳐 학대와 착취를 일삼아온 세력이 동일한 목적 아래 인민을 절대 전제정치 밑에 예속하려는 계획을 분명히 드러내면, 이 같은 정부를 타도하고 미래의 안전을 위해 새로운 보호자를 마련하는 것은 그들의 권리이자 의무이다. 식민지는 지금까지 이런 고통을 견뎌왔으며, 이제야말로 종래의 정부를 변혁해야 할 필요성이 바로 여기에 있다. 대영제국의 현 국왕이 통치해온 역사는 악행과 착취를 되풀이한 역사이며, 그 직접적인 목적은 이 땅에 절대 전제정치 체제를 세우려는 것이다. 이것을 입증하기 위해, 다음과 같은 사실을 대명천지에 밝히는 바이다.

국왕은 공익 실현에 몹시 유익하고 필요한 법률을 허가하지 않았다.

국왕은 아무리 긴급하고 중요한 법률이라 할지라도 그가 동의하지 않으면 시행해서는 안된다고 식민지 총독에게 명령했다. 이처럼 국왕의 동의를 얻지 못한 법률안들은 완전히 무시되어 버렸다.

인민에게는 몹시 소중하고 오직 전제 군주에게만 부담이 되는 입법부 의원 선출권을 포기하지 않으면, 국왕은 대규모 주민 거주지역의 주거 시설 등에 관한 법률의 시행을 거부했다.

국왕은 우리를 괴롭혀 결국 그의 정책에 복종시키기 위해 입법기관 상하 양원을 공문서 보관소에서 멀리 떨어진 비상식적이고 불편한 장소에서 동시에 소집했다.

인민의 권리를 침해한 데 대해 하원에서 강력하게 반발하자, 국왕은 수차례 거듭 하원을 해산했다.

국왕은 이런 방식으로 하원을 해산한 뒤 오랫동안 의원 선출을 허가하지 않았다. 입법권을 완전 폐기할 수는 없는 것이기에 결국 인민에게 돌아와 다시 행사되었지만, 그러는 동안 식민지는 내우외환의 온갖 위협에 맞닥뜨려야 했다.

국왕은 식민지의 인구를 억제하는 데 온갖 수단을 사용하였다. 외국인 귀화법의 시행을 반대하고, 외국인의 이주를 장려하는 법률도 허가하지 않았으며, 토지를 새로 취득하는 데도 여러 가지 조건을 붙여 까다롭게 했다.

국왕은 사법권 수립에 관한 법률을 허가하지 않음으로써 사법 행정을 방해하였다.

국왕은 판사의 임기, 보수 및 지불을 오로지 자신의 의사에 따라 결정했다.

국왕은 우리 인민을 괴롭히고 인민의 재산을 축내기 위해 수많은 직책을 만들어 관리를 파견하였다.

국왕은 평화로운 시기에도 우리 입법기관의 동의 없이 상비군을 주둔시켰다.

국왕은 그 군대가 시민의 권한 밖에 군림하도록 영향력을 행사하였다.

국왕은 다른 기관과 결탁하여 우리 헌법 밖이고 우리 법률이 승인하지 않는 사법권에 우리를 예속시키려 했고, 식민지에 대한 입법권을 주장하는 영국 의회가 제정한 다음과 같은 법률을 허가했다.

대규모 군대를 우리 땅에 주둔시키고,

군대가 우리 주민을 살해해도 기만적 재판을 통해 그들이 처벌받지 않도록 보호하고,

우리와 세계 모든 지역 사이의 무역을 차단하고,

우리의 동의 없이 세금을 부과하고,

수많은 재판에서 우리가 배심원의 심리를 받는 혜택을 박탈하고,

거짓 범죄를 재판하기 위해 우리를 바다 건너 본국으로 송환하고,

우리와 인접한 식민지에서 영국의 자유로운 법률 제도를 철폐하고 전제 정부를 수립한 다음, 그 정부를 본보기 삼아 우리 식민지에도 동일한 전제적 통치를 도입하기 위한 적절한 수단으로써 영토를 확장하고, 우리의 특허장을 박탈하고, 우리의 귀중한 법률을 철폐하고, 우리의 정부 형태를 근본적으로 변경하고,

우리 입법기관의 기능을 정지시키고, 어떠한 경우든 우리를 대신해 법률을 제정할 수 있는 권한이 있다고 선언하는 법률들이다.

북아메리카 대륙의 영국 식민지 대표들은
1776년 7월 4일 필라델피아에서 개최된
대륙 의회에서 미국의 독립을 선포하였다.
존 트럼블은 선언문 기초위원회가 작성한
독립선언서를 의회에 제출해 사인하는
장면을 나중에 그림으로 그렸다. 미국 화폐
2달러 지폐의 뒷면에 이 그림이 들어 있다.

국왕은 우리를 자신의 보호 밖에 둔다고 선언하고 우리에게 전쟁을 걸어옴으로써, 이제 식민지 통치권을 상실했다.

국왕은 우리의 바다에서 약탈을 자행하고, 우리의 해안을 습격하고, 우리의 도시를 불사르고, 우리 인민의 생명을 빼앗았다.

국왕은 가장 야만적인 시대에도 그 유례가 없고 문명국의 국가원수와는 도저히 어울리지 않는 잔혹하고도 배신적인 상황을 이미 만들었으며, 죽음과 폐허와 포학으로 표상되는 과업을 수행하기 위해 이 시간에도 대규모 외국 용병 부대를 수송하고 있다.

국왕은 공해상에서 포로가 된 우리 동포 시민들에게 자신들이 사는 식민지를 향해 무기를 들거나, 우리 벗과 형제 자매의 사형을 집행하거나, 그렇지 않으면 자결하도록 강요했다.

국왕은 우리 내부의 내란을 선동했고, 나이와 남녀, 신분을 가리지 않는 무차별 살해를 전쟁의 규칙으로 삼는 국경 지방의 주민, 곧 잔인무도한 인디언을 자기편으로 끌어들이려 하였다.

이처럼 억압 당하는 모든 순간에도 우리는 겸손한 말로 시정해주기를 탄원했을 따름이다. 그러나 우리의 거듭된 진정에 대해 돌아온 것은 반복되는 탄압뿐이었다. 이처럼 모든 성격 면에서 폭군이라고 정의할 수밖에 없는 국왕은 자유로운 인민의 통치자로는 적합하지 않다. 뿐만 아니라 우리는 영국의 형제 자매들에게도 주의를 환기시키는 데 부족함이 없었다. 우리는 영국 의회가 우리를 억압하기 위해 부당하게 사법권을 넓히려고 할 때마다 거듭 경고했다. 우리는 우리가 아메리카로 이주하여 정착해온 그간의 사정을 다시 한 번 상기시켰다. 우리는 그들의 타고난 정의감과 아량에 호소하였다. 또한 그들과의 혈연적 유대에 호소하여 우리 사이의 연결과 결합을 결국 단절시키고 말 탄압을 거부해줄 것을 탄원하였다. 그들 역시 정의와 혈연적 호소에 귀기울이지 않았다. 그러므로 우리는 우리가 영국으로부터 독립해야 할 사정을 고발함과 더불어 세계의 다른 국민들처럼 영국인도 전쟁시에는 적으로, 평화시에는 친구로 대하지 않을 수 없는 필연성을 묵묵히 받아들여야 한다.

이에 우리 미연방 모든 주州의 대표들은 대표자 회의를 열고, 우리의 공정한 의도를 세계 최고의 심판에 호소하는 바이며, 이 식민지의 선량한 인민의 이름과 권능으로 엄숙히 발표하고 선언하는 바이다. 이 연합 식민지들은 자유롭고 독립된 국가이며, 또한 마땅히 권리를 지닌 자유롭고 독립된 국가여야 한다. 이 국가는 영국 왕권에 대한 모든 충성 의무로부터 벗어난다. 대영제국과의 모든 정치적 관계는 완전히 해소되었으며, 또 해소되어야 한다. 자유롭고 독립된 국가로서 우리는 전쟁을 개시하고, 평화 조약을 체결하고, 동맹 관계를 맺고, 통상 관계를 수립하고, 그밖의 독립국가가 당연히 취해야 하는 모든 행위와 조치를 수행하는 완전한 권리를 갖는다. 우리는 이에 우리의 생명과 재산과 신성한 명예를 걸고 신의 섭리가 우리를 지켜줄 것을 굳게 믿으면서 이 선언을 지지할 것을 서로 굳게 맹세한다.

미국은 18세기 후반까지 영국의 식민지였다. 상당한 수준의 자치권을 누려온 식민지는 더 많은 자유를 요구했던 데 비해, 아메리카 대륙에서 벌어진 프랑스와의 전쟁에서 승리한 영국은 식민지를 강력한 통제 아래 두려 하였으며 과중한 세금을 부과하였다.

식민지인들은 자신들의 자유가 안전하지 못하다고 생각하여 새로운 조세 제도와 각종 규제에 저항하기 시작하였다. 영국이 식민지의 저항을 반란으로 규정해 무력 진압을 시작하자 식민지 대표들은 1776년 7월 4일 필라델피아에서 개최된 대륙 의회에서 독립을 선포하였다. 미국의 독립전쟁은 1783년까지 계속된 끝에 식민지의 승리로 막을 내렸으며, 당시 미대륙 동부 연안의 13개 주가 미국이라는 나라로 독립하게 되었다.

1776년 독립 선포시 채택된 〈미국 독립선언서〉는 토머스 제퍼슨이 기초하였다. 이 선언서는 절대 왕정에 반대하는 민주주의 혁명의 성격을 담고 있다. 천부인권과 계약에 의해 수립된 정부가 인민의 권리를 침해할 때 정부를 전복할 권리인 저항권을 실천 강령으로 선언한 최초의 문서라는 데 역사적 의의가 있다. 공화제를 수립한 미국 독립혁명은 곧바로 프랑스 혁명에 영향을 끼쳤으며, 왕정 체제에 바탕을 두고 있던 유럽의 정치질서를 바꾸는 힘으로 작용하였다.

아일랜드 독립선언서

아일랜드 공화국 임시정부가 아일랜드 인민에게 고함

아일랜드의 남녀 인민들이여,

하느님의 이름과 독립된 민족으로서의 오랜 전통을 물려준 돌아가신 조상들의 이름으로, 아일랜드는 우리를 통해 우리 후손들을 나라의 깃발 아래 모이게 하고 자유를 위해 봉기하게 만들었다.

비밀 혁명조직인 아일랜드 공화국 형제단, 그리고 공개 군사조직인 아일랜드 의용군과 아일랜드 시민군은 인민을 조직하고 훈련시키는 한편, 끈기 있게 모든 준비를 마치고 그 존재를 세상에 알릴 순간만을 기다려 왔다. 마침내 그 때 가 왔다. 우리는 무엇보다 우리 자신의 힘으로, 그리고 미국 으로 망명한 아일랜드 후손과 늠름한 유럽 엽합세력의 지원 을 받아 승리에 대한 강력한 확신을 갖고 투쟁할 것이다.

우리는 아일랜드의 주인은 아일랜드 인민임을 선언한 다. 아일랜드의 운명에 대한 권리는 우리에게 있으며, 그것 은 자주적인 것으로서 결코 파기될 수 없다. 우리의 권리가 타국인과 그들의 정부에 의해 오랫동안 침탈되어 왔다고 해 서 그 권리가 소멸되는 것은 아니며, 아일랜드 인민이 절멸 하지 않는 한 사라질 수 없는 것이다. 모든 세대를 통해 아일 랜드 인민은 스스로의 자유와 주권을 주장해왔으며, 권리를 쟁취하기 위해 지난 300년간 6차례의 무장투쟁을 전개하였 다. 우리는 그 같은 기본 권리를 바탕으로 다시금 세계 만방 앞에서 무장투쟁을 통해 아일랜드 공화국이 독립 주권국가 임을 선포한다. 우리는 아일랜드 공화국의 자유와 복지, 그 리고 세계의 나라들과 어깨를 나란히 하는 날을 위해 우리

POBLACHT NA H EIREANN.

THE PROVISIONAL GOVERNMENT
OF THE
IRISH REPUBLIC
TO THE PEOPLE OF IRELAND.

IRISHMEN AND IRISHWOMEN   In the name of God and of the dead generations from which she receives her old tradition of nationhood, Ireland, through us, summons her children to her flag and strikes for her freedom.

Having organised and trained her manhood through her secret revolutionary organisation, the Irish Republican Brotherhood, and through her open military organisations, the Irish Volunteers and the Irish Citizen Army, having patiently perfected her discipline, having resolutely waited for the right moment to reveal itself, she now seizes that moment, and, supported by her exiled children in America and by gallant allies in Europe, but relying in the first on her own strength, she strikes in full confidence of victory.

We declare the right of the people of Ireland to the ownership of Ireland, and to the unfettered control of Irish destinies, to be sovereign and indefeasible.   The long usurpation of that right by a foreign people and government has not extinguished the right, nor can it ever be extinguished except by the destruction of the Irish people.   In every generation the Irish people have asserted their right to national freedom and sovereignty, six times during the past three hundred years they have asserted it in arms. Standing on that fundamental right and again asserting it in arms in the face of the world, we hereby proclaim the Irish Republic as a Sovereign Independent State, and we pledge our lives and the lives of our comrades-in-arms to the cause of its freedom, of its welfare, and of its exaltation among the nations.

The Irish Republic is entitled to, and hereby claims, the allegiance of every Irishman and Irishwoman.   The Republic guarantees religious and civil liberty, equal rights and equal opportunities to all its citizens, and declares its resolve to pursue the happiness and prosperity of the whole nation and of all its parts, cherishing all the children of the nation equally, and oblivious of the differences carefully fostered by an alien government, which have divided a minority from the majority in the past.

Until our arms have brought the opportune moment for the establishment of a permanent National Government, representative of the whole people of Ireland and elected by the suffrages of all her men and women, the Provisional Government, hereby constituted, will administer the civil and military affairs of the Republic in trust for the people.

We place the cause of the Irish Republic under the protection of the Most High God, Whose blessing we invoke upon our arms, and we pray that no one who serves that cause will dishonour it by cowardice, inhumanity, or rapine.   In this supreme hour the Irish nation must, by its valour and discipline and by the readiness of its children to sacrifice themselves for the common good, prove itself worthy of the august destiny to which it is called.

Signed on Behalf of the Provisional Government,

THOMAS J. CLARKE.

SEAN Mac DIARMADA,   THOMAS MacDONAGH,
P. H. PEARSE,   EAMONN CEANNT,
      JAMES CONNOLLY.   JOSEPH PLUNKETT.

1916년 부활절에 발표된
〈아일랜드 독립선언서〉.

자신과 전우들의 생명을 바칠 것을 맹세한다.

아일랜드 공화국은 모든 아일랜드 인민의 충성을 받을 자격이 있음을 주장한다. 공화국은 모든 국민에게 종교의 자유, 공민권, 평등한 권리와 평등한 기회를 보장하고, 민족의 모든 구성원을 평등히 대우하는 한편, 과거 외래 정부가 치밀하게 다져놓은 다수와 소수를 분열시켜온 차별을 철폐함으로써 민족 모든 구성원에게 행복과 번영을 가져다줄 것이다.

우리의 무장투쟁이 아일랜드 모든 남녀 인민의 투표로 선출되는 항구적인 국민 정부를 가져오기까지는 이번에 구성된 임시정부가 인민에 대한 신의를 바탕으로 공화국의 민사 및 군사에 관한 정무를 집행할 것이다.

우리는 아일랜드 공화국의 대의명분을 가장 존귀하신 하느님의 가호 아래 의탁한다. 하느님의 축복이 우리의 군대와 함께하기를 간구하며, 우리 가운데 누구도 비겁함이나 비인도적인 행위 혹은 약탈로 우리의 명예를 더럽히지 않기를 기도한다. 이 엄중한 순간에 용맹과 규율, 그리고 공익을 위해 희생할 준비가 되어 있는 우리 아일랜드 민족은 우리 자신이 얼마나 위엄 있는 존재인지 그 가치를 증명해야 할 것이다.

영국에 이웃한 섬나라 아일랜드는 오랫동안 영국의 식민 지배를 받아야 했다. 수백 년 동안 지속된 아일랜드 인들의 투쟁에도 불구하고 식민지 체제는 굳건하게 유지되었다.

그러던 중 1916년 부활절을 맞아 영국의 통치에 대항하는 봉기가 일어났다. 비밀 혁명조직인 아일랜드 공화국 형제단은 더블린 시내의 주요 시설을 점령하고 아일랜드 공화국 독립선언서를 낭독하였다. 봉기는 6일 만에 진압되었으며, 주모자 15명은 모두 처형당하였다.

부활절 봉기는 실패로 돌아갔지만 아일랜드 인들의 각성과 함께 1918년부터 본격적인 아일랜드 독립전쟁으로 이어졌다. 독립전쟁은 1916년 부활절 선언이 비준되었던 곳에서부터 시작되었으며, 지금도 같은 장소에서 독립선언서 낭독을 재연하는 행사가 이어진다.

아일랜드 인들의 거족적인 투쟁에 밀린 영국은 결국 휴전을 체결하고 아일랜드의 독립을 승인하였다. 아일랜드의 독립 투쟁은 당시 일제의 식민 지배를 받고 있던 우리에게도 큰 관심의 대상이었다.

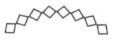

베트남 독립선언서

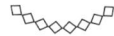

베트남 민주공화국 독립선언

전국의 동포 여러분,

"모든 사람은 평등하게 태어났으며, 조물주는 그들에게 몇 가지 양도할 수 없는 권리를 부여했다. 그것은 생명권, 자유권, 그리고 행복추구권이다."

이 불멸의 선언은 1776년의 〈미국 독립선언서〉에 들어 있다. 그 의미를 좀 더 넓혀보면 다음과 같은 뜻이다. 세계의 모든 민족은 태어날 때부터 평등하며, 모든 민족은 생존권, 행복추구권, 그리고 자유권을 지니고 있다.

1791년 발발한 프랑스 대혁명 당시의 〈인간과 시민의 권리 선언〉*도 마찬가지로 선언하고 있다. 모든 인간은 자유롭고 평등한 권리를 지니고 태어난다. 그리고 언제나 자유로워야 할 뿐 아니라 평등한 권리를 지녀야 한다. 그것은 부정할 수 없는 진리이다.

그럼에도 불구하고 지난 80년 넘게 프랑스 식민주의자들은 자유, 평등, 박애의 깃발을 오용해 우리 조국을 침략하고, 우리 동포를 억압해왔다. 그들의 행동은 인도주의와 정의에 완전히 반하는 것이었다. 정치적으로 그들은 우리 인민에게 단 한 줌의 민주적 자유조차 결단코 허용하지 않았으며, 야만적인 법률을 강요하였다. 그들은 우리 나라의 통일과 민족적 단결을 방해하기 위해 베트남 북부, 중부, 남부에 세 개의 서로 다른 정치체제를 만들었다.

그들은 학교보다 더 많은 감옥을 지었다. 조국과 동포를

---

* 〈인간과 시민의 권리 선언〉은 프랑스 혁명이 발발한 1789년 8월 국민의회가 국민이 누려야 할 권리를 선포한 선언이다.

사랑한 애국자들을 무자비하게 학살하고, 우리의 항거를 피바다 속에 잠기게 했다. 그들은 여론을 속박하고 우민화 정책을 시행하였다. 또한 아편과 알코올을 이용해 우리 민족을 쇠약하게 만들었다.

경제적으로 그들은 우리 인민을 뼛속까지 철저히 착취하여 인민을 궁핍하게 만들고, 나라를 삭막하고 황량하게 만들었다. 우리의 농지를 빼앗았을 뿐 아니라 광산과 원자재를 강탈해갔다. 지폐 발행권과 수출입에 대한 독점권을 틀어쥐었다.

그들은 수백 가지의 부당한 세금을 만들어, 우리 민족, 특히 농민과 상인들을 빈곤 속에 빠뜨리고, 우리 자본가들의 성장을 방해하였다. 그들은 우리 노동자들을 무자비하게 착취하였다.

1940년 가을, 일본 파시스트들이 연합국과의 전쟁을 위한 새로운 기지를 구축하기 위해 인도차이나 반도를 침략했을 때, 프랑스 식민주의자들은 무릎 꿇고 항복하며 우리나라에 일본이 발을 들이게 만들었다. 이렇게 되어 그때부터 우리 인민들은 프랑스와 일본이라는 이중의 질곡을 견뎌야 했다. 우리 인민들은 더 가난하고 더 비참해졌다. 결국 작년 말부터 올해 초까지 꽝찌 성에서 북부 베트남에 걸쳐 200만 명 이상

1945년 9월 2일 베트남 하노이의
바딘 광장에서 열린 베트남
민주공화국 독립 선포식.
베트남 민주공화국 초대 국가주석
호찌민은 바딘 광장에 모인 수십만
군중 앞에서 대중연설을 통해
독립선언서를 반포하였다.

의 동포들이 굶어 죽었다.

올 3월 9일에 일본은 프랑스 군대를 무장 해제시켰다. 프랑스 식민지주의자들은 도망을 치거나 항복했다. 사실 프랑스 식민주의자들은 우리를 보호할 수 없었고, 오히려 5년에 걸쳐 두 번이나 우리 나라를 일본에 팔아넘겼다.

3월 9일 이전에 베트민은 일본을 축출하기 위해 프랑스에게 연합하자고 여러 차례 호소하였다. 프랑스 식민주의자들은 우리의 호소에 응답하기는커녕 베트민을 더욱 심하게 탄압하였다. 심지어 패주하기 직전에 그들은 잉바이와 까오방 수용소에 수감되어 있던 정치범들을 무자비하게 학살하였다.

그럼에도 불구하고 우리 동포들은 프랑스 사람들에게 언제나 관대하고 인도주의적인 태도를 유지하였다. 3월 9일 사변 이후 베트민은 많은 프랑스 사람들이 국경을 넘어가도록 도왔고, 일본 감옥에서 구조하였으며, 그들의 생명과 재산을 보호했다.

사실 우리 나라는 1940년 가을부터 더 이상 프랑스의 식민지가 아니라 일본의 식민지였다. 일본이 연합국에 항복했을 때 우리 인민들은 봉기하여 주권을 쟁취하고, 베트남 민주공화국을 수립하였다.

실로 우리 인민들은 프랑스의 손에서가 아니라 일본의 손에서 나라를 되찾은 것이다. 프랑스는 달아나고, 일본은 항복하고, 바오다이 왕(베트남 마지막 왕)은 퇴위하였다. 우리 인민들은 백 년 가까운 식민주의의 사슬을 끊어버리고 조국의 독립을 쟁취하였다. 또한 우리 인민은 수십 세기에 걸친 군주 제도를 타도하고 민주공화 제도를 수립하였다.

그리하여 베트남 전 인민을 대표하는 우리 새로운 베트남 임시정부는 프랑스와 식민 지배의 모든 관계를 청산할 것을 선언한다. 지금까지 프랑스가 베트남을 대신해 서명한 모든 협정은 무효이며, 프랑스 인들이 베트남에서 누렸던 모든 부당한 특권을 폐지한다.

베트남 모든 인민은 한마음으로 이 나라를 다시 정복하려는 프랑스 식민주의자들의 음모에 단호히 저항할 것이다. 우리는 테헤란과 샌프란시스코에서 인정한 민족자결과 평등의 원칙에 따라 연합국이 베트남의 독립을 승인할 것을 확신한다.

한 민족이 프랑스의 노예 생활에서 벗어나기 위해 80년 이상을 용감히 맞섰고,

한 민족이 지난 수 년간 연합국과 연대하여 파시스트에 대담하게 저항하였는바,

그 같은 민족은 자유를 찾아야 하고, 독립을 쟁취하여야 한다.

이러한 이유로, 우리 베트남 민주공화국 임시정부는 세계를 향해 엄숙히 선포한다.

베트남은 자유와 독립을 누릴 권리가 있고, 그리고 이미 사실상의 자유독립국가가 되었다. 베트남 전 민족은 우리의 독립과 자유를 지키기 위해 모든 정신적 육체적 역량을 다하고, 생명과 재산을 바칠 것을 결의하는 바이다.

*

베트남은 19세기 후반 프랑스의 식민지가 된다. 영국이나 네덜란드에 비해 늦게 동남아시아에 진출한 프랑스가 당시까지 독립을 유지하고 있던 인도차이나 반도의 베트남, 캄보디아, 라오스를 점령하면서였다.

식민 지배를 받아들일 수 없었던 베트남 인들은 프랑스에 대한 투쟁을 계속한다. 중국국민당의 영향을 받은 베트남 국민당이 결성되는 한편, 사회주의 성향의 민족주의자들은 베트남 공산당을 결성한다. 엎친 데 덮친 격으로 태평양전쟁이 시작되면서 일본이 베트남에 진주해온다. 프랑스와 일본 두 세력의 지배라는 이중고에 시달리게 된 것이다.

베트남 독립운동을 이끌던 호찌민은 1941년 베트민이라는 통일전선조직을 만들어 게릴라 투쟁을 전개하였으며, 일본이 패망한 직후인 1945년 8월까지 베트남 전 지역을 장악하는 데 성공한다. 베트남 독립선언은 이 같은 상황 속에서 1945년 9월 2일 발표된다. 수십 만 군중이 모인 하노이 바딘 광장에서 베트남 민주공화국 초대 국가주석 호찌민은 떨리는 목소리로 베트남 민주공화국의 독립을 선포하였다.

그러나 베트남은 이후에도 고통스러운 역사를 감내해야 했다. 일본의 패망후 다시금 지배권을 주장한 프랑스와 십 년 가까이 전쟁을 치러야 했으며, 프랑스를 뒤이은 미국과의 고통스런 전쟁이 끝나기까지는 독립 선포로부터 삼십 년이 걸렸다.

원문으로 읽는 독립선언서

3 · 1
독립선언서

宣言書(선언서)

吾等(오등)은 玆(자)에 我(아) 朝鮮(조선)의 獨立國(독립국)임과 朝鮮人(조선인)의 自主民(자주민)임을 宣言(선언)하노라. 此(차)로써 世界萬邦(세계 만방)에 告(고)하야 人類平等(인류평등)의 大義(대의)를 克明(극명)하며, 此(차)로써 子孫萬代(자손만

대)에 誥(고)하야 民族自存(민족 자존)의 正權(정권)을 永有(영
유)케 하노라.

半萬年(반만년) 歷史(역사)의 權威(권위)를 仗(장)하야 此
(차)를 宣言(선언)함이며, 二千萬(이천만) 民衆(민중)의 誠忠(성
충)을 合(합)하야 此(차)를 佈明(포명)함이며, 民族(민족)의 恒
久如一(항구여일)한 自由發展(자유발전)을 爲(위)하야 此(차)를
主張(주장)함이며, 人類的(인류적) 良心(양심)의 發露(발로)에
基因(기인)한 世界改造(세계개조)의 大機運(대기운)에 順應幷進
(순응병진)하기 爲(위)하야 此(차)를 提起(제기)함이니, 是(시)-
天(천)의 明命(명명)이며, 時代(시대)의 大勢(대세)-며, 全人類
(전인류) 共存同生權(공존동생권)의 正當(정당)한 發動(발동)이
라, 天下何物(천하하물)이던지 此(차)를 沮止抑制(저지억제)치
못할지니라.

舊時代(구시대)의 遺物(유물)인 侵略主義(침략주의), 强權
主義(강권주의)의 犧牲(희생)을 作(작)하야 有史以來(유사이래)
累千年(누천년)에 처음으로 異民族(이민족) 箝制(겸제)의 痛苦
(통고)를 嘗(상)한 지 今(금)에 十年(십년)을 過(과)한지라. 我
(아) 生存權(생존권)의 剝喪(박상)됨이 무릇 幾何(기하)-며, 心
靈上(심령상) 發展(발전)의 障碍(장애)됨이 무릇 幾何(기하)-며,
民族的(민족적) 尊榮(존영)의 毀損(훼손)됨이 무릇 幾何(기하)-

며, 新銳(신예)와 獨創(독창)으로써 世界文化(세계문화)의 大潮流(대조류)에 寄與補裨(기여보비)할 奇緣(기연)을 遺失(유실)함이 무릇 幾何(기하)-뇨.

噫(희)라, 舊來(구래)의 抑鬱(억울)을 宣暢(선창)하려 하면, 時下(시하)의 苦痛(고통)을 擺脫(파탈)하려 하면, 將來(장래)의 脅威(협위)를 芟除(삼제)하려 하면, 民族的(민족적) 良心(양심)과 國家的(국가적) 廉義(염의)의 壓縮銷殘(압축소잔)을 興奮伸張(흥분신장)하려 하면, 各個(각개) 人格(인격)의 正當(정당)한 發達(발달)을 遂(수)하려 하면, 可憐(가련)한 子弟(자제)에게 苦恥的(고치적) 財産(재산)을 遺與(유여)치 안이하려 하면, 子子孫孫(자자손손)의 永久完全(영구완전)한 慶福(경복)을 導迎(도영)하려 하면, 最大急務(최대급무)가 民族的(민족적) 獨立(독립)을 確實(확실)케 함이니, 二千萬(이천만) 各個(각개)가 人(인)마다 方寸(방촌)의 刃(인)을 懷(회)하고, 人類通性(인류통성)과 時代良心(시대양심)이 正義(정의)의 軍(군)과 人道(인도)의 干戈(간과)로써 護援(호원)하는 今日(금일), 吾人(오인)은 進(진)하야 取(취)하매 何强(하강)을 挫(좌)치 못하랴. 退(퇴)하야 作(작)하매 何志(하지)를 展(전)치 못하랴.

丙子修好條規(병자수호조규) 以來(이래) 時時種種(시시종종)의 金石盟約(금석맹약)을 食(식)하얏다 하야 日本(일본)의

無信(무신)을 罪(죄)하려 안이하노라. 學者(학자)는 講壇(강단)에서, 政治家(정치가)는 實際(실제)에서, 我(아) 祖宗世業(조종세업)을 植民地視(식민지시)하고, 我(아) 文化民族(문화민족)을 土昧人遇(토매인우)하야, 한갓 征服者(정복자)의 快(쾌)를 貪(탐)할 뿐이오, 我(아)의 久遠(구원)한 社會基礎(사회기초)와 卓犖(탁락)한 民族心理(민족심리)를 無視(무시)한다 하야 日本(일본)의 少義(소의)함을 責(책)하려 안이하노라. 自己(자기)를 策勵(책려)하기에 急(급)한 吾人(오인)은 他(타)의 怨尤(원우)를 暇(가)치 못하노라. 現在(현재)를 綢繆(주무)하기에 急(급)한 吾人(오인)은 宿昔(숙석)의 懲辦(징판)을 暇(가)치 못하노라. 今日(금일) 吾人(오인)의 所任(소임)은 다만 自己(자기)의 建設(건설)이 有(유)할 뿐이오, 決(결)코 他(타)의 破壞(파괴)에 在(재)치 안이하도다. 嚴肅(엄숙)한 良心(양심)의 命令(명령)으로써 自家(자가)의 新運命(신운명)을 開拓(개척)함이오, 決(결)코 舊怨(구원)과 一時的(일시적) 感情(감정)으로써 他(타)를 嫉逐排斥(질축배척)함이 안이로다.

舊思想(구사상), 舊勢力(구세력)에 羈縻(기미)된 日本(일본) 爲政家(위정가)의 功名的(공명적) 犧牲(희생)이 된 不自然(부자연), 又(우) 不合理(불합리)한 錯誤狀態(착오상태)를 改善匡正(개선광정)하야, 自然(자연), 又(우) 合理(합리)한 政經大原(정경

조선의 독립을 요구하는 시위대가 만세를
부르며 덕수궁 앞 큰길을 행진하고 있다.
고종의 국장을 맞아 전국에서 올라온
민중들이 합세하면서 수만 명이 서울 시내
도처에서 시가행진을 벌였고, 시위 첫날인
3월 1일부터 만세운동은 전국으로 확산되었다.

대원)으로 歸還(귀환)케 함이로다.

當初(당초)에 民族的(민족적) 要求(요구)로서 出(출)치 안이한 兩國(양국) 倂合(병합)의 結果(결과)가, 畢竟(필경) 姑息的(고식적) 威壓(위압)과 差別的(차별적) 不平(불평)과 統計數字上(통계숫자상) 虛飾(허식)의 下(하)에서 利害相反(이해상반)한 兩(양) 民族間(민족간)에 永遠(영원)히 和同(화동)할 수 업는 怨溝(원구)를 去益深造(거익심조)하는 今來實積(금래실적)을 觀(관)하라. 勇明果敢(용명과감)으로써 舊誤(구오)를 廓正(확정)하고, 眞正(진정)한 理解(이해)와 同情(동정)에 基本(기본)한 友好的(우호적) 新局面(신국면)을 打開(타개)함이 彼此間(피차간) 遠禍召福(원화소복)하는 捷徑(첩경)임을 明知(명지)할 것 안인가.

또 二千萬(이천만) 含憤蓄怨(함분축원)의 民(민)을 威力(위력)으로써 拘束(구속)함은 다만 東洋(동양)의 永久(영구)한 平和(평화)를 保障(보장)하는 所以(소이)가 안일 뿐 안이라, 此(차)로 因(인)하야 東洋安危(동양안위)의 主軸(주축)인 四億萬(사억만) 支那人(지나인)의 日本(일본)에 對(대)한 危懼(위구)와 猜疑(시의)를 갈스록 濃厚(농후)케 하야, 그 結果(결과)로 東洋(동양) 全局(전국)이 共倒同亡(공도동망)의 悲運(비운)을 招致(초치)할 것이 明(명)하니, 今日(금일) 吾人(오인)의 朝鮮獨立(조선독립)은 朝鮮人(조선인)으로 하야금 正當(정당)한 生榮(생영)을 遂(수)케 하는 同時(동시)에 日本(일본)으로 하야금 邪路(사로)로서 出(출)하야 東洋(동양) 支持者(지지자)인 重責(중책)을 全(전)케 하는 것이며, 支那(지나)로 하야금 夢寐(몽매)에도 免(면)하지 못하는 不安(불안) 恐怖(공포)로서 脫出(탈출)케 하는 것이며, 또 東洋平和(동양평화)로 重要(중요)한 一部(일부)를 삼는 世界平和(세계평화), 人類幸福(인류행복)에 必要(필요)한 階段(계단)이 되게 하는 것이라. 이 엇지 區區(구구)한 感情上(감정상) 問題(문제)-리오.

아아, 新天地(신천지)가 眼前(안전)에 展開(전개)되도다. 威力(위력)의 時代(시대)가 去(거)하고 道義(도의)의 時代(시대)가 來(내)하도다. 過去(과거) 全世紀(전세기)에 鍊磨長養(연마장양)된 人道的(인도적) 精神(정신)이 바야흐로 新文明(신문명)의 曙光(서광)을 人類(인류)의 歷史(역사)에 投射(투사)하기 始(시)하도다. 新春(신춘)이 世界(세계)에 來(내)하야 萬物(만물)의 回蘇(회소)를 催促(최촉)하는도다. 凍氷寒雪(동빙한설)에 呼吸(호흡)을 閉蟄(폐칩)한 것이 彼一時(피일시)의 勢(세)-라 하면 和風暖陽(화풍난양)에 氣脈(기맥)을 振舒(진서)함은 此一時(차일시)의 勢(세)-니, 天地(천지)의 復運(복운)에 際(제)하고 世界(세계)의 變潮(변조)를 乘(승)한 吾人(오인)은 아모 躊躇(주저)할 것 업스며, 아모 忌憚(기탄)할 것 업도다. 我(아)의 固有(고유)한 自由權(자유권)을 護全(호전)하야 生旺(생왕)의 樂(낙)을 飽享(포향)할 것이며, 我(아)의 自足(자족)한 獨創力(독창력)을 發揮(발휘)하야 春滿(춘만)한 大界(대계)에 民族的(민족적) 精華(정화)를 結紐(결뉴)할지로다.

吾等(오등)이 玆(자)에 奮起(분기)하도다. 良心(양심)이 我(아)와 同存(동존)하며 眞理(진리)가 我(아)와 幷進(병진)하는도다. 男女老少(남녀노소) 업시 陰鬱(음울)한 古巢(고소)로서 活潑(활발)히 起來(기래)하야 萬彙群象(만휘군상)으로 더부러 欣快(흔쾌)한 復活(부활)을 成遂(성수)하게 되도다. 千百世(천백세) 祖靈(조령)이 吾等(오등)을 陰佑(음우)하며 全世界(전세계) 氣運(기운)이 吾等(오등)을 外護(외호)하나니, 着手(착수)가 곳 成功(성공)이라. 다만, 前頭(전두)의 光明(광명)으로 驀進(맥진)할 따름인뎌.

公約三章(공약 3장)

一. 今日(금일) 吾人(오인)의 此擧(차거)는 正義(정의), 人道(인도), 生存(생존), 尊榮(존영)을 爲(위)하는 民族的(민족적) 要求(요구)-니, 오즉 自由的(자유적) 精神(정신)을 發揮(발휘)할 것이오, 決(결)코 排他的(배타적) 感情(감정)으로 逸

走(일주)하지 말라.

一. 最後(최후)의 一人(일인)까지, 最後(최후)의 一刻(일각)까
지 民族(민족)의 正當(정당)한 意思(의사)를 快(쾌)히 發表
(발표)하라.

一. 一切(일체)의 行動(행동)은 가장 秩序(질서)를 尊重(존중)
하야, 吾人(오인)의 主張(주장)과 態度(태도)로 하야금 어
대까지던지 光明正大(광명정대)하게 하라.

朝鮮(조선) 建國(건국) 四千二百五十二年

(사천이백오십이년) 三月(삼월) 一 日(일일)

朝鮮民族代表(조선민족대표)

孫秉熙(손병희) 吉善宙(길선주) 李弼柱(이필주)

白龍城(백용성) 金完圭(김완규) 金秉祚(김병조)

金昌俊(김창준) 權東鎭(권동진) 權秉悳(권병덕)

羅龍煥(나용환) 羅仁協(나인협) 梁甸伯(양순백)

梁漢默(양한묵) 劉如大(유여대) 李甲成(이갑성)

李明龍(이명룡) 李昇薰(이승훈) 李鍾勳(이종훈)

李鍾一(이종일) 林禮煥(임예환) 朴準承(박준승)

朴熙道(박희도) 朴東完(박동완) 申洪植(신홍식)

申錫九(신석구) 吳世昌(오세창) 吳華英(오화영)

鄭春洙(정춘수) 崔聖模(최성모) 崔 麟(최 린)

韓龍雲(한용운) 洪秉箕(홍병기) 洪其兆(홍기조)

1920년 7월 12일자《동아일보》3면에
실린 3·1운동 지도자들의 재판 기사.
'금일 공판 시작되는 독립당 수령 사십팔 인'
제목 아래 사진 순서대로 이름을 명기하였다.
독립선언서에 서명한 31인(33명 가운데
김병조는 상해 망명, 양한묵은 사망)과
만세운동을 함께 계획하고 주도한 17인,
모두 48명이 함께 재판을 받았다.

*

다음은《동아일보》1920년 7월 12일 같은 지면의 기사 가운데 일부이다.

오늘 대공판(大公判):
만인의 시선이 모이는 곳에 당국의 처치는 어떠할지

작년 삼월 일일에 탑골공원에서 '만세!' 소리가 일어나며 명월관 지점 제일호실에서 조선민족대표자 삼십삼 인이 모여 '조선독립만세!'를 부르고 독립을 선언한 후, 손병희 외 사십칠 인은 서대문감옥 돌벽돌 구들에서 답답한 더위와 아픈 추위를 겪은 지 열여섯 달 열이틀 만에 오늘 오전 여덟시에야 감옥에 매인 그네의 운명을 결단하는 제일막이 열리게 되었다. 이에 세상 사람의 시선은 모두 이네의 재판이 어찌 될까 하는 데로 모였고, 또한 조선이 생긴 후로 처음 열리는 공판이요, 더욱이 사건이 중대하므로 당국자의 주의도 크려니와 장차 하회가 어찌 될는지 우리는 매우 주목하지 않을 수 없으며, 오늘 정동 철도부 아래층의 법정에서는 다음 표와 같은 순서로 사십팔 인을 앉게 한다더라. …

대공판과 엄중한 경계

오늘 사십팔 인 공판의 취체를 맡은 서대문경찰서는 어제부터 준비에 몹시 바쁜데, 용산경찰서에서 경부 이하 이십여 명과 종로, 본정 두 경찰서에서 각각 경관 이십여 명과 제삼부 순사가 다수 응원할 터이며, 서대문경찰서는 서원 전부가 출동하여… 기마 순사가 늘어서서 경계할 터이요, 정동 골목에는 거리거리 붉은 모자와 칼자루를 번쩍이는 경관이 늘어섰으며….

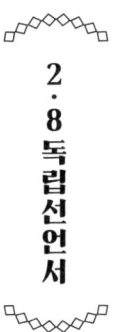

2·8독립선언서

宣言書(선언서)

全(전) 朝鮮靑年獨立團(조선청년독립단)은 我(아) 二千萬(이천만) 民族(민족)을 代表(대표)하야 正義(정의)와 自由(자유)의 勝利(승리)를 得(득)한 世界萬國(세계만국)의 前(전)에 獨立(독립)을 期成(기성)하기를 宣言(선언)하노라.

四千三百年(사천삼백년)의 長久(장구)한 歷史(역사)를 有(유)하는 吾族(오족)은 實(실)로 世界最古(세계최고) 文明民族(문명민족)의 一(일)이라. 비록 有時乎(유시호) 支那(지나)의 正朔(정삭)을 奉(봉)한 事(사)는 有(유)하엿으나 此(차)는 朝鮮皇室(조선황실)과 支那皇室(지나황실)과의 形式的(형식적) 外交的(외교적) 關係(관계)에 不過(불과)하엿고 朝鮮(조선)은 恒常(항상) 吾族(오족)의 朝鮮(조선)이오 一次(일차)도 統一(통일)한 國家(국가)를 失(실)하고 異族(이족)의 實質的(실질적) 支配(지배)를 受(수)한 事(사) 無(무)하도다.

日本(일본)은 朝鮮(조선)이 日本(일본)과 脣齒(순치)의 關係(관계)가 有(유)함을 自覺(자각)함이라 하야 一千八百九十五年(일천팔백구십오년) 日淸戰爭(일청전쟁)의 結果(결과)로 日本(일본)이 韓國(한국)의 獨立(독립)을 率先承認(솔선승인)하엿고 英(영), 米(미), 法(법), 德(덕), 俄(아) 等(등) 諸國(제국)도 獨立(독립)을 承認(승인)할 뿐더러 此(차)를 保全(보전)하기를 約束(약속)하엿도다. 韓國(한국)은 그 恩義(은의)를 感(감)하야 銳意(예의)로 諸般改革(제반개혁)과 國力(국력)의 充實(충실)을 圖(도)하엿도다.

當時(당시) 俄國(아국)의 勢力(세력)이 南下(남하)하야 東洋(동양)의 平和(평화)와 韓國(한국)의 安寧(안녕)을 威脅(위협)

할새 日本(일본)은 韓國(한국)과 攻守同盟(공수동맹)을 締結(체결)하야 日俄戰爭(일아전쟁)을 開(개)하니 東洋(동양)의 平和(평화)와 韓國(한국)의 獨立保全(독립보전)은 實(실)로 此(차) 同盟(동맹)의 主旨(주지)라. 韓國(한국)은 더욱 그 好誼(호의)에 感(감)하야 陸海軍(육해군)의 作戰上(작전상) 援助(원조)는 不能(불능)하엿으나 主權(주권)의 威嚴(위엄)까지 犧牲(희생)하야 可能(가능)한 온갖 義務(의무)를 다하야써 東洋平和(동양평화)와 韓國獨立(한국독립)의 兩大目的(양대목적)을 追求(추구)하얏도다.

及其(급기) 戰爭(전쟁)이 終結(종결)되고 當時(당시) 米國(미국) 大統領(대통령) 루쓰별트 氏(씨)의 仲裁(중재)로 日俄(일아) 間(간)에 講和會議(강화회의) 開設(개설)될새 日本(일본)은 同盟國(동맹국)인 韓國(한국)의 參加(참가)를 不許(불허)하고 日俄(일아) 兩國(양국) 代表者(대표자) 間(간)에 任意(임의)로 日本(일본)의 韓國(한국)에 對(대)한 宗主權(종주권)을 議定(의정)하엿으며 日本(일본)은 優越(우월)한 兵力(병력)을 持(지)하고 韓國(한국)의 獨立(독립)을 保全(보전)한다는 舊約(구약)을 違反(위반)하야 暗弱(암약)한 當時(당시) 韓國(한국) 皇帝(황제)와 그 政府(정부)를 威脅(위협)하고 欺罔(기망)하야 「國力(국력)의 充實(충실)함이 足(족)히 獨立(독립)을 得(득)할 만한 時期(시기)까지라」는 條件(조건)으로 韓國(한국)의 外交權(외교권)을 奪(탈)하야 此(차)를 日本(일본)의 保護國(보호국)을 作(작)하야 韓國(한국)으로 하야곰 直接(직접)으로 世界列國(세계열국)과 交涉(교섭)할 道(도)를 斷(단)하고 因(인)하야 「相當(상당)한 時期(시기)까지라」는 條件(조건)으로 司法(사법), 警察權(경찰권)을 奪(탈)하고 更(경)히 「撤兵令(철병령) 實施(실시)까지라」는 條件(조건)으로 軍隊(군대)를 解散(해산)하며 民間(민간)의 武器(무기)를 押收(압수)하고 日本(일본) 軍隊(군대)와 憲兵警察(헌병경찰)을 각지에 遍置(편치)하며 甚至(심지)에 皇宮(황궁)의 警備(경비)까지 日本(일본) 警察(경찰)을 使用(사용)하고 如此(여차)히 하야 韓國(한국)으로 하여곰 全(전)혀 無抵抗者(무저항자)를 作(작)한 後(후)에 多少(다소) 明哲(명철)의 稱(칭)이 有(유)한 韓國皇帝(한국황제)를 放逐(방축)하고 皇太子(황태자)를 擁立(옹립)하고 日本(일본)의 走狗(주구)로 所謂(소위) 合倂內閣(합병내각)을 組織(조직)하야 秘密(비밀)과 武力(무력)에 裏(리)에서 合倂條約(합병조약)을 締結(체결)하니 玆(자)에 吾族(오족)은 建國(건국) 以來(이래) 半萬年(반만년)에 自己(자기)를 指導(지도)하고 援助(원조)하노라 하는 友邦(우방)의 軍國的(군국적) 野心(야심)에 犧牲(희생)되엿도다.

實(실)로 日本(일본)은 韓國(한국)에 對(대)한 行爲(행위)

는 詐欺(사기)와 暴力(폭력)에서 出(출)한 것이니 實(실)로 如此 (여차)히 偉大(위대)한 詐欺(사기)의 成功(성공)은 世界(세계) 興 亡史(흥망사)에 特筆(특필)할 人類(인류)의 大辱恥辱(대욕치욕) 이라 하노라.

保護條約(보호조약)을 締結(체결)할 時(시)에 皇帝(황제)와 賊臣(적신) 안인 幾個(기개) 大臣(대신)들은 모든 反抗手段(반 항수단)을 다하얏고 發表(발표) 後(후)에도 全(전) 國民(국민)은 赤手(적수)로 可能(가능)한 온갖 反抗(반항)을 다하얏으며 司法 (사법), 警察權(경찰권)의 被奪(피탈)과 軍隊(군대) 解散時(해산 시)에도 然(연)하얏고 合倂時(합병시)를 當(당)하야는 手中(수 중)에 寸鐵(촌철)이 無(무)함을 不拘(불구)하고 可能(가능)한 온 갓 反抗運動(반항운동)을 다하다가 精銳(정예)한 日本武器(일 본무기)에 犧牲(희생)이 된 者(자)- 不知其數(부지기수)며 以來 (이래) 十年間(십년간) 獨立(독립)을 恢復(회복)하라는 運動(운 동)으로 犧牲(희생)된 者(자)- 數十萬(수십만)이며 慘酷(참혹) 한 憲兵政治下(헌병정치하)에 手足(수족)과 口舌(구설)의 搭制 (탑제)를 受(수)하면서도 曾(증)히 獨立運動(독립운동)이 絶(절) 한 적이 업나니 此(차)로 觀(관)하여도 日韓合倂(일한합병)이 朝鮮民族(조선민족)의 意思(의사)가 아님을 可知(가지)할지라.

如此(여차)히 吾族(오족)은 日本(일본) 軍國主義的(군국주의적) 野心(야심)의 詐欺暴力下(사기폭력하)에 吾族(오족)의 意思(의사)에 反(반)하는 運命(운명)을 當(당)하얏으니 正義(정의)로 世界(세계)를 改造(개조)하는 此時(차시)에 當然(당연)히 匡正(광정)을 世界(세계)에 求(구)할 權利(권리)가 有(유)하며 또 世界改造(세계개조)에 主人(주인)되는 米(미)와 英(영)은 保護(보호)와 合併(합병)을 率先承認(솔선승인)한 理由(이유)로 此時(차시)에 過去(과거)의 舊惡(구악)을 贖(속)할 義務(의무)가 有(유)하다 하노라.

또 合併(합병) 以來(이래) 日本(일본) 朝鮮統治(조선통치) 政策(정책)을 보건대 合併時(합병시)의 宣言(선언)에 反(반)하야 吾族(오족)의 幸福(행복)과 利益(이익)을 無視(무시)하고 征服者(정복자)가 被征服者(피정복자)의게 對(대)하는 古代(고대)의 非人道的(비인도적) 政策(정책)을 應用(응용)하야 吾族(오족)의게는 參政權(참정권), 集會結社(집회결사)의 自由(자유), 言論出版(언론출판)의 自由(자유)를 不許(불허)하며 甚至(심지)에 信敎(신교)의 自由(자유), 企業(기업)의 自由(자유)까지도 不少(불소)히 拘束(구속)하며 行政(행정), 司法(사법), 警察(경찰) 等(등) 諸機關(제기관)이 朝鮮民族(조선민족)의 人權(인권)을 侵害(침해)하며 公私(공사)에 吾族(오족)과 日本人(일본인) 間(간)에 優劣(우열)의 差別(차별)을 設(설)하며 日本人(일본인)에 比(비)하야 劣等(열등)한 敎育(교육)을 施(시)하야써 吾族(오족)으로 하야곰 永遠(영원)히 日本人(일본인)의 被使役者(피사역자)를 成(성)하게 하며 歷史(역사)를 改造(개조)하야 吾族(오족)의 神聖(신성)한 歷史的(역사적), 民族的(민족적) 傳統(전통)과 威嚴(위엄)을 破壞(파괴)하고 凌侮(능모)하며 少數(소수)의 官吏(관리)를 除(제)한 外(외)에 政府(정부)의 諸機關(제기관)과 交通(교통), 遞信(체신), 兵備(병비) 諸機關(제기관)에 全部(전부) 或(혹)은 大部分(대부분) 日本人(일본인)만 使用(사용)하야 吾族(오족)으로 하야곰 永遠(영원)히 國家生活(국가생활)의 智能(지능)과 經驗(경험)을 得(득)할 機會(기회)를 不得(부득)케 하니 吾族(오족)은 決(결)코 如此(여차)한 無斷專制(무단전제) 不正(부정) 不平等(불평등)한 政治下(정치하)에서 生存(생존)과 發展(발전)을 享受(향수)키 不能(불능)한지라.

그뿐더러 元來(원래) 人口過剩(인구과잉)한 朝鮮(조선)에 無制限(무제한)으로 移民(이민)을 奬勵(장려)하고 補助(보조)하야 土着(토착)한 吾族(오족)은 海外(해외)에 流離(유리)함을 不免(불면)하며 國家(국가)의 諸機關(제기관)은 勿論(물론)이오 私設(사설)의 諸機關(제기관)에까지 日本人(일본인)을 使用(사용)하야 一邊(일변) 朝鮮人(조선인)으로 職業(직업)을 失(실)케 하며 一邊(일변) 朝鮮人(조선인)의 富(부)를 日本(일본)으로 流

出(유출)케 하고 商工業(상공업)에 日本人(일본인)의게는 特殊 (특수)한 便益(편익)을 與(여)하야 朝鮮人(조선인)으로 하야곰 産業的(산업적) 發興(발흥)의 機會(기회)를 失(실)케 하도다. 如 此(여차)히 何方面(하방면)으로 觀(관)하야도 吾族(오족)과 日 本(일본)과의 利害(이해)를 好相背馳(호상배치)하며 背馳(배치) 하면 그 害(해)를 受(수)하는 者(자)는 吾族(오족)이니 吾族(오 족)은 生存(생존)의 權利(권리)를 爲(위)하야 獨立(독립)을 主張 (주장)하노라.

最後(최후)에 東洋平和(동양평화)의 見地(견지)로 보건대 威脅者(위협자)이던 俄國(아국)은 이미 軍國主義的(군국주의적) 野心(야심)을 抛棄(포기)하고 正義(정의)와 自由(자유)와 博愛 (박애)를 基礎(기초)로 한 新國家(신국가)를 建設(건설)하랴고 하는 中(중)이며 中華民國(중화민국)도 亦然(역연)하며 兼(겸) 하야 此次(차차) 國際聯盟(국제연맹)이 實現(실현)되면 다시 軍 國主義的(군국주의적) 侵略(침략)을 敢行(감행)할 强國(강국)이 無(무)할 것이라. 그러할진대 韓國(한국)을 合倂(합병)한 最大 理由(최대이유)가 이미 消滅(소멸)되얏을 뿐더러 從此(종차)로 朝鮮民族(조선민족)이 無數(무수)한 革命亂(혁명란)을 起(기)한 다 하면 日本(일본)의 合倂(합병)된 韓國(한국)은 反(반)하야 東 洋平和(동양평화)를 攪亂(교란)할 禍源(화원)이 될지라.

吾族(오족)은 正當(정당)한 方法(방법)으로 吾族(오족)의 自由(자유)를 追求(추구)할지나 萬一(만일) 此(차)로써 成功(성공)치 못하면 吾族(오족)은 生存(생존)의 權利(권리)를 爲(위)하야 온갓 自由行動(자유행동)을 取(취)하야 最後(최후)의 一人(일인)까지 自由(자유)를 爲(위)하는 熱血(열혈)을 濺(천)할지니 엇지 東洋平和(동양평화)의 禍源(화원)이 아니리오. 吾族(오족)은 一兵(일병)이 無(무)호라. 吾族(오족)은 兵力(병력)으로써 日本(일본)을 抵抗(저항)할 實力(실력)이 無(무)호라. 然(연)하나 日本(일본)이 萬一(만일) 吾族(오족)의 正當(정당)한 要求(요구)에 不應(불응)할진대 吾族(오족)은 日本(일본)에 對(대)하야 永遠(영원)의 血戰(혈전)을 宣(선)하리라.

吾族(오족)은 久遠(구원)히 高等(고등)한 文化(문화)를 有(유)하얏고 半萬年間(반만년간) 國家生活(국가생활)의 經驗(경험)을 有(유)한 者(자)-라. 비록 多年(다년) 專制政治(전제정치)의 害毒(해독)과 境遇(경우)의 不幸(불행)이 吾族(오족)의 今日(금일)을 致(치)하얏다 하더라도 正義(정의)와 自由(자유)를 基礎(기초)로 한 民主主義(민주주의)의 上(상)에 先進國(선진국)의 範(범)을 隨(수)하야 新國家(신국가)를 建設(건설)한 後(후)에는 建國(건국) 以來(이래) 文化(문화)와 正義(정의)와 平和(평화)를 愛好(애호)하는 吾族(오족)은 반다시 世界(세계)의 平和(평화)와 人類(인류)의 文化(문화)에 貢獻(공헌)함이 有(유)할지라.

　茲(자)에 吾族(오족)은 日本(일본)이나 或(혹)은 世界(세계)
各國(각국)이 吾族(오족)의게 民族自決(민족자결)의 機會(기회)
를 與(여)하기를 要求(요구)하며 萬一(만일) 不然(불연)하면 吾
族(오족)은 生存(생존)을 爲(위)하야 自由行動(자유행동)을 取
(취)하야써 吾族(오족)의 獨立(독립)을 旣成(기성)하기를 宣言
(선언)하노라.

朝鮮靑年獨立團(조선청년독립단)

　　右(우) 代表者(대표자)

　　崔八鏞(최팔용) 李琮根(이종근) 金度演(김도연)

　　宋繼白(송계백) 李光洙(이광수) 崔謹愚(최근우)

　　金喆壽(김철수) 金尙德(김상덕) 白寬洙(백관수)

　　徐　椿(서춘)　　尹昌錫(윤창석)

決議文(결의문)

一. 本團(본단)은 日韓合倂(일한합병)이 吾族(오족)의 自由意

思(자유의사)에 出(출)하지 아니하고 吾族(오족)의 生存(생존)과 發展(발전)을 威脅(위협)하고 또 東洋(동양)의 平和(평화)를 攪亂(교란)하는 原因(원인)이 된다는 理由(이유)로 獨立(독립)을 主張(주장)함.

二. 本團(본단)은 日本(일본) 議會(의회) 及(급) 政府(정부)에 朝鮮民族大會(조선민족대회)를 召集(소집)하야 該會(해회)의 決議(결의)로 吾族(오족)의 運命(운명)을 決(결)할 機會(기회)를 與(여)하기를 要求(요구)함.

三. 本團(본단)은 萬國講和會議(만국강화회의)에 民族自決主義(민족자결주의)를 吾族(오족)의게도 適用(적용)하게 하기를 請求(청구)함. 右(우) 目的(목적)을 達(달)하기 爲(위)하야 日本(일본)에 駐在(주재)한 各國(각국) 大公使(대공사)의게 本團(본단)의 主義(주의)를 各其(각기) 政府(정부)에 傳達(전달)하기를 依賴(의뢰)하고 同時(동시)에 委員(위원) 二人(이인)을 萬國講和會議(만국강화회의)에 派遣(파견)함. 右(우) 委員(위원)은 旣(기)히 派遣(파견)한 吾族(오족)의 委員(위원)과 一致行動(일치행동)을 取(취)함.

四. 前項(전항)의 要求(요구)가 失敗(실패)될 時(시)는 吾族(오족)은 日本(일본)에 對(대)하야 永遠(영원)의 血戰(혈전)을 宣(선)함. 此(차)로써 生(생)하는 慘禍(참화)는 吾族(오족)이 그 責(책)에 任(임)치 아니함.

大韓獨立宣言書(대한독립선언서)

我(아) 大韓(대한) 同族男妹(동족남매)와 曁我遍球(기아편구) 友
邦同胞(우방동포)아. 我(아) 大韓(대한)은 完全(완전)한 自主獨
立(자주독립)과 神聖(신성)한 平等福利(평등복리)로 我(아) 子孫
黎民(자손여민)에 世世相傳(세세상전)키 爲(위)하야 玆(자)에 異

族專制(이족전제)의 虐壓(학압)을 解脫(해탈)하고 大韓民主(대한민주)의 自立(자립)을 宣布(선포)하노라.

我(아) 大韓(대한)은 無始以來(무시이래)로 我(아) 大韓(대한)의 韓(한)이요 異族(이족)의 韓(한)이 안이라. 半萬年史(반만년사)의 內治外交(내치외교)는 韓王韓帝(한왕한제)의 固有權(고유권)이요 百萬方里(백만방리)의 高山麗水(고산여수)는 韓男韓女(한남한녀)의 共有産(공유산)이요 氣骨文言(기골문언)이 歐亞(구아)에 拔粹(발수)한 我(아) 民族(민족)은 能(능)히 自國(자국)을 擁護(옹호)하며 萬邦(만방)을 和協(화협)하여 世界(세계)에 共進(공진)할 天民(천민)이라. 韓(한) 一部(일부)의 權(권)이라도 異族(이족)에 讓(양)할 義(의)가 無(무)하고 韓(한) 一尺(일척)의 土(토)라도 異族(이족)이 占(점)할 權(권)이 無(무)하며 韓(한) 一個(일개)의 民(민)이라도 異族(이족)이 干涉(간섭)할 條件(조건)이 無(무)하며 我(아) 韓(한)은 完全(완전)한 韓人(한인)의 韓(한)이라.

噫(희)라 日本(일본)의 武孽(무얼)이여. 壬辰(임진) 以來(이래)로 半島(반도)에 積惡(적악)은 萬世(만세)에 可掩(가엄)치 못할지며 甲午(갑오) 以後(이후)의 大陸(대륙)에 作罪(작죄)는 萬國(만국)에 能容(능용)치 못할지라. 彼(피)가 耆戰(기전)의 惡習(악습)은 曰(왈) 自保(자보) 曰(왈) 自衛(자위)에 口(구)를 藉(자)

하더니 終乃(종내) 反天逆人(반천역인)인 保護合倂(보호합병)을 逞(령)하오. 彼(피)가 渝盟(투맹)의 悖習(패습)은 曰(왈) 領土(영토) 曰(왈) 門戶(문호) 曰(왈) 機會(기회)의 名(명)을 假(가)하다가 畢竟(필경) 沒義無法(몰의무법)한 密款脅約(밀관협약)을 勒結(늑결)하고 彼(피)의 妖妄(요망)한 政策(정책)은 敢(감)히 宗敎(종교)를 逼迫(핍박)하야 神化(신화)의 傳達(전달)을 沮戲(저희)하얏고 學人(학인)을 制限(제한)하야 文化(문화)의 流通(유통)을 防遏(방알)하얏고 人權(인권)을 剝奪(박탈)하며 經濟(경제)를 籠絡(농락)하며 軍警(군경)의 武斷(무단)과 移民(이민)의 暗計(암계)로 滅韓殖日(멸한식일)의 奸凶(간흉)을 實行(실행)한지라. 積極(적극) 消極(소극)으로 韓族(한족)을 磨滅(마멸)함이 幾何(기하)뇨. 十年(십년) 武孽(무얼)의 作亂(작란)이 此(차)에 極(극)함으로 天(천)이 彼(피)의 穢德(예덕)을 厭(염)하사 我(아)에 好機(호기)를 賜(사)하실새 天(천)을 順(순)하며 人(인)을 應(응)하여 大韓獨立(대한독립)을 宣布(선포)하는 同時(동시)에 彼(피)의 合邦(합방)하든 罪惡(죄악)을 宣布懲辦(선포징판)하노니

一. 日本(일본)의 合邦動機(합병동기)는 彼(피) 所謂(소위) 汎日本(범일본)의 立義(입의)를 亞洲(아주)에 肆行(사행)함이니

此(차)는 東洋(동양)의 敵(적)이요

二. 日本(일본)의 合邦手段(합방수단)은 詐欺强迫(사기강박)과 不法無道(불법무도)와 武力暴行(무력폭행)이 極備(극비)하얏스니 此(차)는 國際法規(국제법규)의 惡魔(악마)이며

三. 日本(일본)의 合邦結果(합방결과)는 軍警(군경)의 蠻權(만권)과 經濟(경제)의 壓迫(압박)으로 種族(종족)을 磨滅(마멸)하며 宗教(종교)를 强迫(강박)하며 教育(교육)을 制限(제한)하야 世界文化(세계문화)를 沮障(저장)하얏스니 此(차)는 人類(인류)의 賊(적)이라.

所以(소이)로 天意人道(천의인도)와 正義法理(정의법리)에 照(조)하야 萬國立證(만국입증)으로 合邦無效(합방무효)를 宣播(선파)하며 彼(피)의 罪惡(죄악)을 懲膺(징응)하며 我(아)의 權利(권리)를 回復(회복)하노라.

噫(희)라 日本(일본)의 武孽(무얼)이여. 小懲大戒(소징대계)가 爾(이)의 福(복)이니 島(도)는 島(도)로 復(복)하고 半島(반도)는 半島(반도)로 復(복)하고 大陸(대륙)은 大陸(대륙)으로 復(복)할지어다. 各其(각기) 原狀(원상)을 回復(회복)함은 亞洲(아주)의 幸(행)인 同時(동시)에 爾(이)도 幸(행)이어니와 頑迷不悟(완미불오)하면 全部(전부) 禍根(화근)이 爾(이)에 在(재)하니 復

舊自新(복구자신)의 利益(이익)을 反復曉諭(반복효유)하노라.

試看(시간)하라 民庶(민서)의 魔賊(마적)이든 專制(전제)와 强權(강권)은 餘焰(여염)이 已盡(이진)하고 人類(인류)에 賦與(부여)한 平等(평등)과 平和(평화)는 白日(백일)이 當空(당공)하야 公義(공의)의 審判(심판)과 自由(자유)의 普遍(보편)은 實(실)노 曠劫(광겁)의 厄(액)을 一洗(일세)코져 하는 天意(천의)의 實現(실현)함이요 弱國殘族(약국잔족)을 救濟(구제)하는 大地(대지)의 福音(복음)이라.

大(대)하도다 時(시)의 義(의)여. 此時(차시)를 遭遇(조우)한 吾人(오인)이 無道(무도)한 强權束縛(강권속박)을 解脫(해탈)하고 光明(광명)한 平和獨立(평화독립)을 回復(회복)함은 天意(천의)를 對揚(대양)하며 人心(인심)을 順應(순응)코져 함이며 地球(지구)에 立足(입족)한 權利(권리)로 世界(세계)를 改造(개조)하야 大同建設(대동건설)을 協贊(협찬)하는 所以(소이)일새 玆(자)에 二千萬(이천만) 大衆(대중)의 赤衷(적충)을 代表(대표)하야 敢(감)히 皇皇一神(황황일신)게 昭告(소고)하오며 世界萬邦(세계만방)에 誕誥(탄고)하오니 우리 獨立(독립)은 天人合應(천인합응)의 純粹(순수)한 動機(동기)로 民族自保(민족자보)의 正當(정당)한 權利(권리)를 行使(행사)함이요 決(결)코 眼前利害(안전이해)에 偶然(우연)한 衝動(행동)이 안이며 恩怨(은원)

에 圉(유)한 感情(감정)으로 非文明(비문명)인 報復手段(보복수단)에 自足(자족)함이 안이라. 實(실)노 恒久一貫(항구일관)한 國民(국민)의 至誠激發(지성격발)하야 彼(피) 異類(이류)로 感悟自新(감오자신)케 함이며 우리 結實(결실)은 野鄙(야비)한 政軌(정궤)를 超越(초월)하야 眞正(진정)한 道義(도의)를 實現(실현)함이라.

咨(자)홉다 我(아) 大衆(대중)아. 公義(공의)로 獨立(독립)한 者(자)는 公義(공의)로 進行(진행)할지라. 一切方便(일체방편)으로 軍國專制(군국전제)를 剷除(산제)하야 民族平等(민족평등)을 全球(전구)에 普施(보시)할지니 此(차)는 我(아) 獨立(독립)의 第一義(제일의)요 武力兼倂(무력겸병)을 根絶(근절)하야 平均天下(평균천하)의 公道(공도)로 進行(진행)할지니 此(차)는 我(아) 獨立(독립)의 本領(본령)이요 密盟私戰(밀맹사전)을 嚴禁(엄금)하고 大同平和(대동평화)를 宣傳(선전)할지니 此(차)는 我(아) 復國(복국)의 使命(사명)이요 同權同富(동권동부)로 一切同胞(일체동포)에 施(시)하여 男女貧富(남녀빈부)를 齊(제)하며 等賢等壽(등현등수)로 智愚老幼(지우노유)에게 均(균)하야 四海人類(사해인류)를 度(도)할지니 此(차)는 我(아) 立國(입국)의 旗幟(기치)요 進(진)하야 國際不義(국제불의)를 監督(감독)하고 宇宙(우주)의 眞善美(진선미)를 體現(체현)할지니 此(차)

는 我(아) 韓民族(한민족)이 應時復活(응시부활)의 究竟義(구경
의)니라.

咨(자) 我(아) 同心同德(동심동덕)인 二千萬(이천만) 兄弟姉妹
妹(형제자매)아. 我(아) 檀君大皇祖(단군대황조)게서 上帝(상제)
에 左右(좌우)하사 우리의 機運(기운)을 命(명)하시며 世界(세
계)와 時代(시대)가 우리의 福利(복리)를 助(조)하는도다. 正義
(정의)는 無敵(무적)의 劒(인)이니 此(차)로써 逆天(역천)의 魔
(마)와 盜國(도국)의 賊(적)을 一手屠決(일수도결)하라. 此(차)
로써 四千年(사천년) 祖宗(조종)의 榮輝(영휘)를 顯揚(현양)할
지며 此(차)로써 二千萬(이천만) 赤子(적자)의 運命(운명)을 開
拓(개척)할지니 起(기)하라 獨立軍(독립군)아. 齊(제)하라 獨立
軍(독립군)아. 天地(천지)로 網(망)한 一死(일사)는 人(인)의 可
逃(가도)치 못할 바인즉 犬豕(견시)에 等(등)한 一生(일생)을 誰
(수)가 苟圖(구도)하리오. 殺身成仁(살신성인)하면 二千萬(이천
만) 同胞(동포)가 同體(동체)로 復活(부활)하리니 一身(일신)을
何惜(하석)이며 傾家復國(경가복국)하면 三千里(삼천리) 沃土
(옥토)가 自家(자가)의 所有(소유)－니 一家(일가)를 犧牲(희생)
하라. 咨(자) 我(아) 同心同德(동심동덕)인 二千萬(이천만) 兄弟
姉妹(형제자매)아. 國民本領(국민본령)을 自覺(자각)한 獨立(독
립)인 줄을 記憶(기억)할지며 東洋平和(동양평화)를 保障(보장)

하고 人類平等(인류평등)을 實施(실시)키 爲(위)한 自立(자립)인 줄을 銘心(명심)할지며 皇天(황천)의 明命(명명)을 祗奉(지봉)하야 一切邪網(일체사망)에서 解脫(해탈)하는 建國(건국)인 줄을 確信(확신)하야 肉彈血戰(육탄혈전)으로 獨立(독립)을 完成(완성)할지어다.

檀君紀元(단군기원) 四千二百五十二年
(사천이백오십이년) 二月(이월) 日(일)

— 가나다 順(순) —

金敎獻(김교헌) 金奎植(김규식) 金東三(김동삼)
金躍淵(김약연) 金佐鎭(김좌진) 金學萬(김학만)
鄭在寬(정재관) 趙鏞殷(조용은) 呂　準(여　준)
柳東說(유동열) 李　光(이　광) 李大爲(이대위)
李東寧(이동녕) 李東輝(이동휘) 李範允(이범윤)
李奉雨(이봉우) 李相龍(이상룡) 李世永(이세영)
李承晚(이승만) 李始榮(이시영) 李鍾倬(이종탁)
李　沰(이　탁) 文昌範(문창범) 朴性泰(박성태)
朴容萬(박용만) 朴殷植(박은식) 朴贊翊(박찬익)
孫一民(손일민) 申　楎(신　정) 申采浩(신채호)

安定根(안정근) 安昌浩(안창호) 任　邦(임　방)

尹世復(윤세복) 曹　煜(조　욱) 崔炳學(최병학)

韓　興(한　흥) 許　赫(허　혁) 黃尙奎(황상규)*

❖
임방과 허혁의 한자 이름 표기는 필사로 기록된 선언서의 한자와
달리 표기하였는데, 허혁은《한국민족문화대백과》등의 표기를 따랐다.

대한독립선언서

IN CONGRESS, JULY 4, 1776

THE UNANIMOUS DECLARATION OF
THE THIRTEEN UNITED STATES OF AMERICA

When in the Course of human events it becomes necessary for one people to dissolve the political bands which have connected them with another and to assume among the powers of the earth, the separate and equal station to which the Laws of Nature and of Nature's God entitle them, a decent respect to the opinions of mankind requires that they should declare the causes which impel them to the separation.

We hold these truths to be self-evident, that all men are created equal, that they are endowed by their Creator with certain unalienable Rights, that among these are Life, Liberty and the pursuit of Happiness. — That to secure these rights, Governments are instituted among Men, deriving their just powers from the consent of the governed, — That whenever any Form of Government becomes destructive of these ends, it is the Right of the People to alter or to abolish it, and to institute new Government, laying its foundation on such principles and organizing its powers in such form, as to them shall seem most likely to effect their Safety and Happiness. Prudence, indeed, will dictate that Governments long established should not be changed for light and transient causes; and accordingly all experience hath shewn that mankind are more disposed to suffer, while evils are sufferable than to right themselves by abolishing the forms to which they are accustomed. But when a long train of abuses and usurpations, pursuing invariably the same Object evinces a design to reduce them under absolute Despotism, it is their right, it is their duty, to throw off such Government, and to provide new Guards for their future security. — Such has been the patient sufferance of these Colonies; and such is now the necessity which constrains them to alter their former Systems of Government. The history of the present King of Great Britain is a history of repeated injuries and usurpations, all having in direct object the establishment of an absolute Tyranny over these States. To prove this, let Facts be submitted to a candid world.

He has refused his Assent to Laws, the most wholesome and necessary for the public good.

He has forbidden his Governors to pass Laws of immediate and pressing importance, unless suspended in their operation till his Assent should be obtained; and when so suspended, he has utterly neglected to attend to them.

He has refused to pass other Laws for the accommodation of large districts of people, unless those people would relinquish the right of Representation in the Legislature, a right inestimable to them and formidable to tyrants only.

He has called together legislative bodies at places unusual, uncomfortable, and distant from the depository of their Public Records, for the sole purpose of fatiguing them into compliance with his measures.

He has dissolved Representative Houses repeatedly, for opposing with manly firmness his invasions on the rights of the people.

He has refused for a long time, after such dissolutions, to cause others to be elected, whereby the Legislative Powers, incapable of Annihilation, have returned to the People at large for their exercise; the State remaining in the mean time exposed to all the dangers of invasion from without, and convulsions within.

He has endeavoured to prevent the population of these

States; for that purpose obstructing the Laws for Naturalization of Foreigners; refusing to pass others to encourage their migrations hither, and raising the conditions of new Appropriations of Lands.

He has obstructed the Administration of Justice by refusing his Assent to Laws for establishing Judiciary Powers.

He has made Judges dependent on his Will alone for the tenure of their offices, and the amount and payment of their salaries.

He has erected a multitude of New Offices, and sent hither swarms of Officers to harass our people and eat out their substance.

He has kept among us, in times of peace, Standing Armies without the Consent of our legislatures.

He has affected to render the Military independent of and superior to the Civil Power.

He has combined with others to subject us to a jurisdiction foreign to our constitution, and unacknowledged by our laws; giving his Assent to their Acts of pretended Legislation:

For quartering large bodies of armed troops among us:

For protecting them, by a mock Trial from punishment for any Murders which they should commit on the Inhabitants of these States:

For cutting off our Trade with all parts of the world:

For imposing Taxes on us without our Consent:

For depriving us in many cases, of the benefit of Trial by Jury:

〈미국 독립선언서〉. 천부인권과 계약에 의해
수립된 정부가 인민의 권리를 침해할 때
정부를 전복할 권리인 저항권을 실천 강령으로
선언한 최초의 문서이다.

For transporting us beyond Seas to be tried for pretended offences:

For abolishing the free System of English Laws in a neighbouring Province, establishing therein an Arbitrary government, and enlarging its Boundaries so as to render it at once an example and fit instrument for introducing the same absolute rule into these Colonies:

For taking away our Charters, abolishing our most valuable Laws and altering fundamentally the Forms of our Governments:

For suspending our own Legislatures, and declaring themselves invested with power to legislate for us in all cases whatsoever.

He has abdicated Government here, by declaring us out of his Protection and waging War against us.

He has plundered our seas, ravaged our coasts, burnt our towns, and destroyed the lives of our people.

He is at this time transporting large Armies of foreign Mercenaries to compleat the works of death, desolation, and tyranny, already begun with circumstances of Cruelty & Perfidy scarcely paralleled in the most barbarous ages, and totally unworthy the Head of a civilized nation.

He has constrained our fellow Citizens taken Captive on the high Seas to bear Arms against their Country, to become the executioners of their friends and Brethren, or to fall themselves by their Hands.

He has excited domestic insurrections amongst us, and has endeavoured to bring on the inhabitants of our frontiers, the merciless Indian Savages whose known rule of warfare, is an undistinguished destruction of all ages, sexes and conditions.

In every stage of these Oppressions We have Petitioned for Redress in the most humble terms: Our repeated Petitions have been answered only by repeated injury. A Prince, whose character is thus marked by every act which may define a Tyrant, is unfit to be the ruler of a free people.

Nor have We been wanting in attentions to our British brethren. We have warned them from time to time of attempts by their legislature to extend an unwarrantable jurisdiction over us. We have reminded them of the circumstances of our emigration and settlement here. We have appealed to their native justice and magnanimity, and we have conjured them by the ties of our common kindred to disavow these usurpations, which would inevitably interrupt our connections and correspondence. They too have been deaf to the voice of justice and of consanguinity. We must, therefore, acquiesce in the necessity, which denounces our Separation, and hold them, as we hold the rest of mankind, Enemies in War, in Peace Friends.

We, therefore, the Representatives of the united States of America, in General Congress, Assembled, appealing to the Supreme Judge of the world for the rectitude of our intentions, do, in the Name, and by Authority of the good People of these Colonies, solemnly publish and declare, That these united Colonies are, and of Right ought to be Free and Independent States, that they are Absolved from all Allegiance to the British Crown, and that all political connection between them and the

State of Great Britain, is and ought to be totally dissolved; and that as Free and Independent States, they have full Power to levy War, conclude Peace, contract Alliances, establish Commerce, and to do all other Acts and Things which Independent States may of right do. — And for the support of this Declaration, with a firm reliance on the protection of Divine Providence, we mutually pledge to each other our Lives, our Fortunes, and our sacred Honor.

NEW HAMPSHIRE:
Josiah Bartlett, William Whipple, Matthew Thornton

MASSACHUSETTS:
John Hancock, Samuel Adams, John Adams,
Robert Treat Paine, Elbridge Gerry

RHODE ISLAND:
Stephen Hopkins, William Ellery

CONNECTICUT:
Roger Sherman, Samuel Huntington, William Williams,
Oliver Wolcott

NEW YORK:
William Floyd, Philip Livingston, Francis Lewis, Lewis Morris

NEW JERSEY:
Richard Stockton, John Witherspoon,
Francis Hopkinson, John Hart, Abraham Clark

PENNSYLVANIA:
Robert Morris, Benjamin Rush, Benjamin Franklin,
John Morton, George Clymer, James Smith,
George Taylor, James Wilson, George Ross

DELAWARE:
Caesar Rodney, George Read, Thomas McKean

MARYLAND:
Samuel Chase, William Paca, Thomas Stone,
Charles Carroll of Carrollton

VIRGINIA:
George Wythe, Richard Henry Lee, Thomas Jefferson,
Benjamin Harrison, Thomas Nelson, Jr.,
Francis Lightfoot Lee, Carter Braxton

NORTH CAROLINA:
William Hooper, Joseph Hewes, John Penn

SOUTH CAROLINA:
Edward Rutledge, Thomas Heyward, Jr.,
Thomas Lynch, Jr., Arthur Middleton

GEORGIA:
Button Gwinnett, Lyman Hall, George Walton

THE PROVISIONAL GOVERNMENT OF
THE IRISH REPUBLIC
TO THE PEOPLE OF IRELAND

IRISHMEN AND IRISHWOMEN.

In the name of God and of the dead generations from which

she receives her old tradition of nationhood, Ireland, through us, summons her children to her flag and strikes for her freedom.

Having organised and trained her manhood through her secret revolutionary organisation, the Irish Republican Brotherhood, and through her open military organisations, the Irish Volunteers and the Irish Citizen Army, having patiently perfected her discipline, having resolutely waited for the right moment to reveal itself, she now seizes that moment, and supported by her exiled children in America and by gallant allies in Europe, but relying in the first on her own strength, she strikes in full confidence of victory.

We declare the right of the people of Ireland to the ownership of Ireland and to the unfettered control of Irish destinies, to be sovereign and indefeasible. The long usurpation of that right by a foreign people and government has not extinguished the right, nor can it ever be extinguished except by the destruction of the Irish people. In every generation the Irish people have asserted their right to national freedom and sovereignty; six times during the past three hundred years they have asserted it in arms. Standing on that fundamental right and again asserting it in arms in the face of the world, we hereby proclaim the Irish Republic as a Sovereign Independent State, and we pledge our lives and the lives of our comrades in arms to the cause of its freedom, of its welfare, and of its exaltation among the nations.

The Irish Republic is entitled to, and hereby claims, the allegiance of every Irishman and Irishwoman. The Republic guarantees religious and civil liberty, equal rights and equal opportunities to all its citizens, and declares its resolve to pursue the happiness and prosperity of the whole nation and of all its parts, cherishing all of the children of the nation equally, and oblivious of the differences carefully fostered by an alien Government, which have divided a minority from the majority in the past.

Until our arms have brought the opportune moment for the establishment of a permanent National Government, representative of the whole people of Ireland and elected by the suffrages of all her men and women, the Provisional Government, hereby constituted, will administer the civil and military affairs of the Republic in trust for the people.

We place the cause of the Irish Republic under the protection of the Most High God, Whose blessing we invoke upon our arms, and we pray that no one who serves that cause will dishonour it by cowardice, inhumanity, or rapine. In this supreme hour the Irish nation must, by its valour and discipline, and by the readiness of its children to sacrifice themselves for the common good, prove itself worthy of the august destiny to which it is called.

Signed on behalf of the Provisional Government:

THOMAS J. CLARKE
SEAN Mac DIARMADA   *THOMAS MacDONAGH*
P. H. PEARSE   *EAMONN CEANNT*
JAMES CONNOLLY   *JOSEPH PLUNKETT*

부활절 봉기에 참가한 아일랜드
시민군과 의용군. 의용군의 한 사람인
젊은 약사 조셉 크리프스가 찍었다.

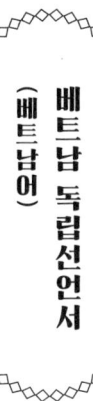

베트남 독립선언서

(베트남어)

TUYÊN NGÔN ĐỘC LẬP VIỆT NAM
DÂN CHỦ CỘNG HÒA

Hỡi đồng bào cả nước,

"Tất cả mọi người đều sinh ra có quyền bình đẳng. tạo hóa cho họ những quyền không ai có thể xâm phạm được; trong những quyền ấy, có quyền được sống, quyền tự do và quyền mưu cầu hạnh phúc."

Lời bất hủ ấy ở trong bản Tuyên ngôn độc lập năm 1776 của nước Mỹ. Suy rộng ra, câu ấy có ý nghĩa là: tất cả các dân tộc trên thế giới đều sinh ra bình đẳng; dân tộc nào cũng có quyền sống, quyền sung sướng và quyền tự do.

Bản tuyên ngôn nhân quyền và dân quyền của cách mạng Pháp năm 1791 cũng nói: "người ta sinh ra tự do và bình đẳng về quyền lợi, và phải luôn luôn được tự do và bình đẳng về quyền lợi".

Đó là những lẽ phải không ai chối cãi được.

Thế mà hơn tám mươi năm nay, bọn thực dân Pháp lợi dụng lá cờ tự do, bình đẳng, bác ái, đến cướp đất nước ta, áp bức đồng bào ta. hành động của chúng trái hẳn với nhân đạo và chính nghĩa.

Về chính trị, chúng tuyệt đối không cho nhân dân ta một chút tự do dân chủ nào.

Chúng thi hành những luật pháp dã man. Chúng lập ba chế độ khác nhau ở trung, nam, bắc để ngăn cản việc thống nhất nước nhà của ta, để ngăn cản dân tộc ta đoàn kết.

Chúng lập ra nhà tù nhiều hơn trường học. Chúng thẳng tay chém giết những người yêu nước thương nòi của ta. Chúng tắm các cuộc khởi nghĩa của ta trong những bể máu.

Chúng ràng buộc dư luận, thi hành chính sách ngu dân.

Chúng dùng thuốc phiện, rượu cồn để làm cho nòi giống ta suy nhược.

Về kinh tế, chúng bóc lột dân ta đến tận xương tủy, khiến cho dân ta nghèo nàn, thiếu thốn, nước ta xơ xác, tiêu điều.

Chúng cướp không ruộng đất, hầm mỏ, nguyên liệu.

Chúng đặt ra hàng trăm thứ thuế vô lý, làm cho dân ta, nhất là dân cày và dân buôn, trở nên bần cùng.

Chúng không cho các nhà tư sản ta ngóc đầu lên. Chúng bóc lột công nhân ta một cách vô cùng tàn nhẫn.

Mùa thu năm 1940, phát-xít Nhật đến xâm lăng Đông - dương để mở thêm căn cứ đánh đồng minh, thì bọn thực dân Pháp quỳ gối đầu hàng, mở cửa nước ta rước Nhật. Từ đó dân ta chịu hai tầng xiềng xích: Pháp và Nhật. Từ đó dân ta càng cực khổ, nghèo nàn. kết quả là cuối năm ngoái sang đầu năm nay, từ Quảng trị đến Bắc kỳ hơn hai triệu đồng bào ta bị chết đói.

Ngày 9 tháng 3 năm nay, Nhật tước khí giới của quân đội Pháp. Bọn thực dân Pháp hoặc bỏ chạy hoặc đầu hàng. Thế là chẳng những chúng không "bảo hộ" được ta, trái lại, trong 5 năm, chúng đã man bán nước ta hai lần cho Nhật.

Trước ngày mồng 9 tháng 3, biết bao lần Việt minh đã kêu gọi người Pháp liên minh để chống Nhật. Bọn thực dân Pháp đã không đáp ứng, lại thẳng tay khủng bố Việt minh hơn nữa.

Thậm chí đến khi thua chạy, chúng còn nhẫn tâm giết nốt số đông tù chính trị ở Yên bái và Cao bằng.

Tuy vậy, đối với nước Pháp, đồng bào ta vẫn giữ một thái độ khoan hồng và nhân đạo. Sau cuộc biến động ngày mồng 9 tháng 3, Việt minh đã giúp cho nhiều người Pháp chạy qua biên thùy, lại cứu cho nhiều người Pháp ra khỏi nhà giam Nhật, và bảo vệ tính mạng và tài sản cho họ.

Sự thật là từ mùa thu năm 1940, nước ta đã thành thuộc địa của Nhật, chứ không phải thuộc địa của Pháp nữa. Khi Nhật hàng Đồng minh thì nhân dân cả nước ta đã nổi dậy giành chính quyền lập nên nước Việt Nam Dân chủ Cộng hòa.

Sự thật là dân ta đã lấy lại nước Việt Nam từ tay Nhật, chứ không phải từ tay Pháp.

Pháp chạy, Nhật hàng, vua Bảo Đại thoái vị. dân ta đã đánh đổ các xiềng xích thực dân gần một trăm năm nay để gây dựng nên nước Việt Nam độc lập. Dân ta lại đánh đổ chế độ quân chủ mấy mươi thế kỷ mà lập nên chế độ dân chủ cộng hòa.

Bởi thế cho nên, chúng tôi, lâm thời chính phủ của nước Việt Nam mới, đại biểu cho toàn dân Việt Nam, tuyên bố thoát ly hẳn quan hệ thực dân với Pháp, xóa bỏ hết những hiệp ước mà Pháp đã ký về nước Việt Nam, xóa bỏ tất cả mọi đặc quyền của Pháp trên đất nước Việt Nam.

Toàn dân Việt Nam, trên dưới một lòng, kiên quyết chống lại âm mưu của bọn thực dân Pháp.

Chúng tôi tin rằng các nước đồng minh đã công nhận những nguyên tắc dân tộc bình đẳng ở các hội nghị Tê-hê-răng và Cựu-kim-sơn, quyết không thể không công nhận quyền độc lập của dân Việt Nam.

Một dân tộc đã gan góc chống ách nô lệ của Pháp hơn tám mươi năm nay, một dân tộc đã gan góc đứng về phe đồng minh chống phát-xít mấy năm nay, dân tộc đó phải được tự do! dân tộc đó phải được độc lập!

Vì những lẽ trên, chúng tôi, Chính phủ lâm thời của nước Việt Nam Dân chủ Cộng hòa, trịnh trọng tuyên bố với thế giới rằng:

Nước Việt Nam có quyền hưởng tự do và độc lập, và sự thật

đã thành một nước tự do, độc lập. Toàn thể dân tộc Việt Nam quyết đem tất cả tinh thần và lực lượng, tính mạng và của cải để giữ vững quyền tự do, độc lập ấy.

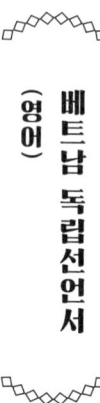

베트남 독립선언서
(영어)

DECLARATION OF INDEPENDENCE

My country men,

"All men are created equal. They are endowed by their Creator with certain inalienable rights, among these are Life, Liberty, and the pursuit of Happiness."

This immortal statement was made in the Declaration of Independence of the United States of America in 1776. In a broader sense, this means: All the nations on the earth are equal from birth, all the nations have the right to live, to be happy and free.

The Declaration of the French Revolution made in 1791 on the Rights of Man and the Citizen also states: "All men are born free and with equal rights, and must always remain free and having equal rights." Those are undeniable truths.

Nevertheless, for more than eighty years, the French colonialists misused the flag of Liberty, Equality, and Fraternity to invade our Fatherland and oppressed our country men. Their action contradicted to the humanity and justice.

Politically, they absolutely have deprived our people of every democratic freedom.

They have enforced inhuman laws. They have set up three different regimes in the Central, the Southern and the Northern Part of Vietnam in order to prevent our nation from being unified and our people from being united.

They have built more prisons than schools. They have mercilessly slain our patriots. They drowned our resistances in rivers of blood. They have fettered public opinion and practiced obscurantism against our people.

They used opium and alcohol to weaken our race.

Economically, they have exploited our people to the bone, so that to impoverish our people and to devastate our country.

They have robbed us of our rice fields, our mines and our raw materials.

They have levied numerous unjustifiable taxes, which made our people, especially our peasantry and trademen to absolute poverty.

They have hampered the prosperity of our national bourgeoisie. They have mercilessly exploited our industrial workers.

In the autumn of 1940, when the Japanese Fascists arrived to occupy Indochina for expanding new military bases to fight against the Allies, the French colonialists bended their knees and opened our country to welcome Japanese. Thus, from that date, our people were suffered from the double yoke of the French and the Japanese. Thus from that on our people became more and more suffered and poorer. As a result, from the end of last year to the beginning of this year, from Quang Tri province to the North of Vietnam, more than two million of our fellow-citizens died from starvation.

On March 9, the Japanese disarmed the French Army. The French colonialists either fled or surrendered. As a matter of fact, they were not only incapable of "protecting" us, but in the contrary they had sold our country twice to the Japanese.

On several occasions before March 9, the Vietminh League (League of Vietnam Alliance for Independence) urged the French to ally themselves with Vietnam to fight against the Japanese. Instead of responding to this proposal, the French colonialists had intensified their terrorist activities against the Vietminh members that before fleeing they massacred a great number of our political prisoners detained at Yen Bai and Cao Bang.

Not withstanding all this, our fellow-citizens have always manifested toward the French a tolerant and humane attitude.

Even after the Japanese putsch of March 1945, the Vietminh League helped many Frenchmen to cross the frontier, rescued some of them from Japanese jails, and protected French lives and property.

From the autumn of 1940, our country had in fact ceased to be a French colony and had become a Japanese possession.

After the Japanese had surrendered to the Allies, our whole people rose to regain our national sovereignty and to found the Democratic Republic of Vietnam.

The truth is that we have wrested our independence from the Japanese and not from the French.

The French have fled, the Japanese have capitulated, Emperor Bao Dai has abdicated. Our people have broken the chains which for nearly a century have fettered them and have won independence for the Fatherland. Our people at the same time have overthrown the monarchic regime that has reigned supreme for dozens of centuries. In its place has been established the present Democratic Republic.

For these reasons, we, members of the Provisional Government, representing the whole Vietnamese people, declare that from now on we break off all relations of a colonial character with France; we repeal all the international obligation that France has so far subscribed to on behalf of Vietnam and we abolish all the special rights the French have unlawfully acquired in our Fatherland.

The whole Vietnamese people, animated by a common purpose, are determined to fight to the bitter end against any attempt by the French colonialists to reconquer their country.

We are convinced that the Allied nations which at Tehran and San Francisco have acknowledged the principles of self-determination and equality of nations, will not refuse to acknowledge the independence of Vietnam.

A people who have courageously opposed French domination for more than eighty years, a people who have fought side by side with the Allies against the Fascists during these last years, such a people must be free and independent.

For these reasons, we, members of the Provisional Government of the Democratic Republic of Vietnam, solemnly declare to the world that Vietnam has the right to be a free and independent country and in fact it is so already. The entire Vietnamese people are determined to mobilize all their physical and mental strength, to sacrifice their lives and property in order to safeguard their independence and liberty.

사진/그림

'일제강점기 새로읽기'를 펴내며

일제강점기는 우리 역사에서 매우 특수한 시기다.
유례를 찾기 어려운 폭압적인 식민지배는 민족의 생존 자체를
위협하였으며 그 생채기가 지금까지도 우리의 삶을 옥죄고 있다.
우리 민족의 항전은 주권 회복 투쟁만이 아니라 민족의
얼을 지키고 민족문화를 배양하는 다층적인 것이어야 했다.
한글운동, 고전 연구, 민족주의사학, 문학·문예 운동은 모두
그 같은 문제의식의 소산이었다. 많은 선각자들이 박토에
민족문화의 밭을 갈고 씨를 뿌렸다.

1960, 70년대까지 적지 않은 일제강점기의 문화자산들이
책으로 출간되었다. 그 후로는 연구자들의 연구서가 이어졌다.
하지만 그것만으로 충분한 걸까. 우리는 너무 빨리 많은 것을
잊어버렸고, 젊은 세대는 그 시절에 관심조차 없다.

'일제강점기 새로읽기' 시리즈를 시작하는 이유는 그 시절에
우리 민족문화의 한 원형질이 형성되었다는 믿음 때문이다.
가급적 당시의 생생한 목소리를 담으려 한다. 이 시리즈를 통해
지금 우리의 '선 자리'에 대한 이해가 한층 깊어지기를 기대한다.

2018년 4월 가갸날